Juntos

Espagnol 1re année A1 → A2

Cahier d'activités

Direction pédagogique :
Edouard CLEMENTE
Inspecteur d'Académie,
Inspecteur Pédagogique Régional honoraire

Hélène COUROUGE
Professeur certifié,
Collège Cantelande, Cestas

Victoria FAURIEUX
Professeur agrégé,
Collège Jean Rebier, Isle

Caroline GIROT
Professeur certifié,
Lycée Sainte Marie Grand Lebrun, Bordeaux
Formatrice ISFEC, Académie de Bordeaux

Sylvie MIERMON
Professeur certifié,
Collège Notre Dame Jeanne d'Arc, Brive

María Isabel MUÑOZ
Professeur certifié,
Lycée Général Saint Exupéry, Parentis-en-Born

Avec la contribution de :
Robert Louison
Professeur agrégé

Nathan

Sommaire

Édition : **Perrine Dutertre** et **Noé Pérez Núñez**
Illustration : **Mademoiselle Caroline**, **Marie-Pierre Oddoux** (p. 17), **Violaine Leroy** (p. 18), **Laurent Audouin** (p. 52)
Conception de la maquette : **Elodie Breda**
Mise en page : **La papaye verte**
Conception de la couverture : **Julie Lannes**
Lecture et correction : **Dulce Gamonal**

Crédits photographiques
Couv : Jose Fuste Raga/Corbis ; **36** Ana Blazic Paviovic/Shutterstock ; **39** Caste/age fotostock ; **50** HUGUES Hervé/hemis ; **51** Photo 12/Alamy ; **55** © Aventura vertical ; **57** © Transports Metropolitans de Barcelona **60** José Juste Raga/Corbis

ISBN 978.2.09.175544.1

¡Hola! ¿Qué tal?

Me suena → manuel p. 11

1 Antes de escuchar

Connais-tu ces mots en espagnol ?

a. B _ _ _ _

b. S _ _ _ _ _ _

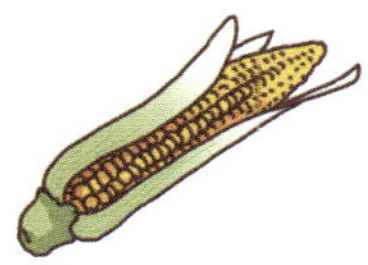

c. M _ _ _

d. A _ _ _ _

e. T _ _ _ _

Me llamo... → manuel p. 12

2 Antes de expresarte

Écris en espagnol, et en toutes lettres, la lettre en rouge.

a. *Hola*, *hacer* se escriben con ....

b. *Niño*, *España* se escriben con ....

c. *Jamón*, *mensaje* se escriben con ....

d. *Gente*, *coger* se escriben con ....

e. *Paraguay*, *yo* se escriben con ....

f. *Venezuela*, *vela* se escriben con ....

g. *México*, *mamá* se escriben con ....

3 Adivinanza

1 Lis les deux devinettes et écris en toutes lettres les voyelles qui s'y cachent.

a. En el mar me encuentro (*je me trouve*), ¿qué letra soy? ....

b. No soy la I, y en medio del cielo estoy, ¿qué letra soy? ....

2 Cherche sur une carte deux pays d'Amérique latine qui commencent par les voyelles de l'exercice précédent.

1. ....
2. ....

¡Hola! → manuel p. 13

4 Escucha

Piste 1 MP3 spécial cahier

Écoute ces trois dialogues et associe-les au dessin correspondant.

a. ....

b. ....

c. ....

Soy María

→ manuel p. 14

1 Antes de conversar

Remets les lettres dans l'ordre pour trouver six nombres.

a. ROTCUA: ....

b. VEENU: ....

c. RETCE: ....

d. CEINQU: ....

e. VEECIDINUE: ....

f. ENEVIT: ....

2 Conversa

Imagine les réponses aux questions posées dans ces dessins.

Abrid el libro

→ manuel p. 15

3 Crucigrama

Complète la grille de mots croisés avec le matériel scolaire.

1. Objeto que sirve para escribir.
2. La señora que enseña.
3. La persona que aprende.
4. Sirve para apuntar los deberes.
5. Libro de hojas blancas donde se escribe.
6. Bolsa donde guardo mis libros.
7. Donde el profesor escribe en clase.

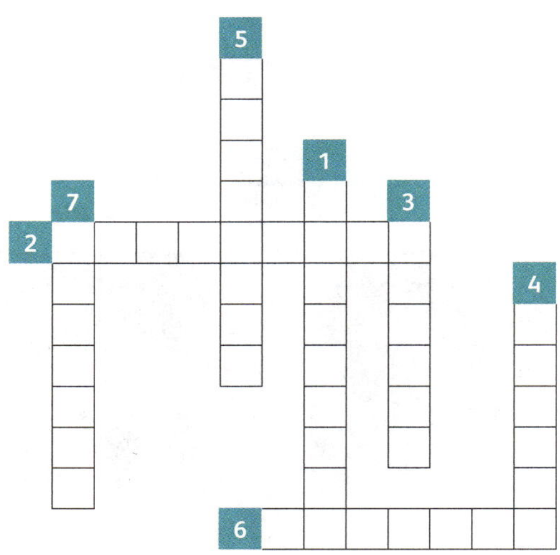

Hoy es lunes

→ manuel p. 16

1 Antes de expresarte

1 Cherche dans cette grille les jours de la semaine.

S	A	B	A	D	O	O	K	C
S	E	K	W	G	E	S	E	V
F	T	L	L	W	I	B	J	S
X	A	V	O	U	T	U	E	E
K	T	X	Z	C	N	N	F	T
P	W	N	G	Q	R	E	Q	R
A	X	J	U	E	V	E	S	A
O	G	N	I	M	O	D	I	M
L	V	V	P	T	J	F	N	M

2 Écris les dates suivantes en espagnol et en toutes lettres.

a. Lundi 27 septembre :
Lunes 27deseptiembre

b. Jeudi 15 août :
Jueves 15deagosto

c. Samedi 19 juillet :
sabado 19 de Julio

d. Mercredi 30 avril :
Miercoles 30 de abril

3 Retrouve le nom de 6 mois de l'année.

a. PEETEMBRIS: septiembre

b. BIARL: Abril

c. OERBERF: Febrero

d. IULOJ: Julio

e. TUOCBRE: octubre

f. CIBREDIEM: diciembre

2 Adivinanza

Trouve la solution de ces devinettes sur les mois et les saisons.

a. Somos doce hermanos; yo soy el segundo:
F _ _ r _ _ _

b. Ya se fue el verano, y ahora se caen las hojas secas: El _ t _ _ _

c. Las otras dos estaciones del año son:
L_ _r _ m _ v _ _ a y _l _n _ _ e _ _o

Banco de ejercicios

Manuel Numérique Exercices interactifs — élève DVD-Rom

→ Retrouve ces exercices sur le site www.nathan.fr/juntoscollege, ils sont interactifs et autocorrectifs.

¿Cómo se pronuncia?

1 Escucha las palabras. Fíjate en la acentuación para elegir la representación correcta.

a. Oo – oO
b. oOo – Ooo
c. oO – Oo
d. ooO – Ooo
e. oOoo – ooOo
f. ooO – Ooo
g. ooO – Ooo
h. ooO – oOo
i. ooOo – oOoo

2 Escucha las palabras y escribe la primera letra de cada una.

1. _UADERNO
2. _HICO
3. _UEVES
4. _EPETIR
5. _LAMAR
6. _UNES
7. _ACARÍAS
8. _ÁBADO

Léxico

3 Asocia los meses del año con la estación que conviene.

septiembre – enero – mayo – marzo – noviembre – junio – agosto – febrero – abril – octubre – julio – diciembre

invierno	primavera	verano	otoño

4 Escucha y completa los teléfonos.

a. 0 632 145 _ _ _
b. 0 985 _ _ _ 321
c. 0 959 653 _ _ _
d. 0 _ _ _ 145 785
e. 0 628 _ _ _ 357

Unidad 1 Mi mundo y yo

Mi familia y yo

→ manuel p. 18

1 Escucha

MP3 spécial cahier — Piste 2

Écoute l'enregistrement et complète le tableau.

	Locutor	Hermana	Hermano	Padre	Madre
Nombre	Javier				
Apellidos					
Edad					

2 Antes de expresarte

Donne le nom complet de chaque membre de la famille et son lien de parenté avec Lidia.

a. Pablo Lozano Martínez es mi abuelo.

b. Rosa ....

c. Juan ....

d. Ignacio ....

e. Dolores ....

f. Elena ....

g. Héctor ....

h. Ana ....

i. Lola ....

j. Fernando ....

3 Lengua

Sépare les verbes conjugués de la chaîne puis complète le tableau et donne l'infinitif.

tengoosllamáistenemostellamassellamantienessellamamellamotenéistienennosllamamos

Infinitivo	yo	tú	él/ella	nosotros	vosotros	ellos/ellas

La familia de Laura

→ manuel p. 19

1 Antes de conversar

1 Vrai ou faux ? Regarde le dessin de ton manuel et corrige si c'est faux.

a. Marta tiene el pelo rubio. ❏ V ❏ F ....

b. Rafa tiene el pelo castaño. ❏ V ❏ F ....

c. Laura tiene el pelo corto. ❏ V ❏ F ....

d. Dani tiene el pelo pelirrojo. ❏ V ❏ F ....

e. Martina tiene el pelo moreno. ❏ V ❏ F ....

2 Complète cette description de la famille de Laura avec les mots qui conviennent.

Laura tiene una .... numerosa. Rafa, el papá, tiene 42 ...., tiene el pelo corto y lleva .... Marta, la ...., tiene 37 años. Tienen tres .... Laura es la ...., su .... de 9 años se llama Dani y Marina, que tiene 4 años, es la .... Tienen una ...., un perro, que se llama Flecha.

2 Lengua

Écris au masculin, ou au féminin, puis mets au pluriel.

a. La chica rubia → .... → ....

b. .... → El hermano moreno → ....

c. Una gata blanca → .... → ....

d. Una niña española → .... → ....

e. .... → El tío encantador → ....

3 Calculadora

Complète la grille avec le résultat des opérations en toutes lettres et trouve le nombre caché.

68/2 =

86 – 8 =

28 + 35 =

95 – 46 =

32 x 3 =

71 – 14 =

¿Quién eres?

→ manuel p. 20

1 Antes de escuchar

Présente ces personnages.

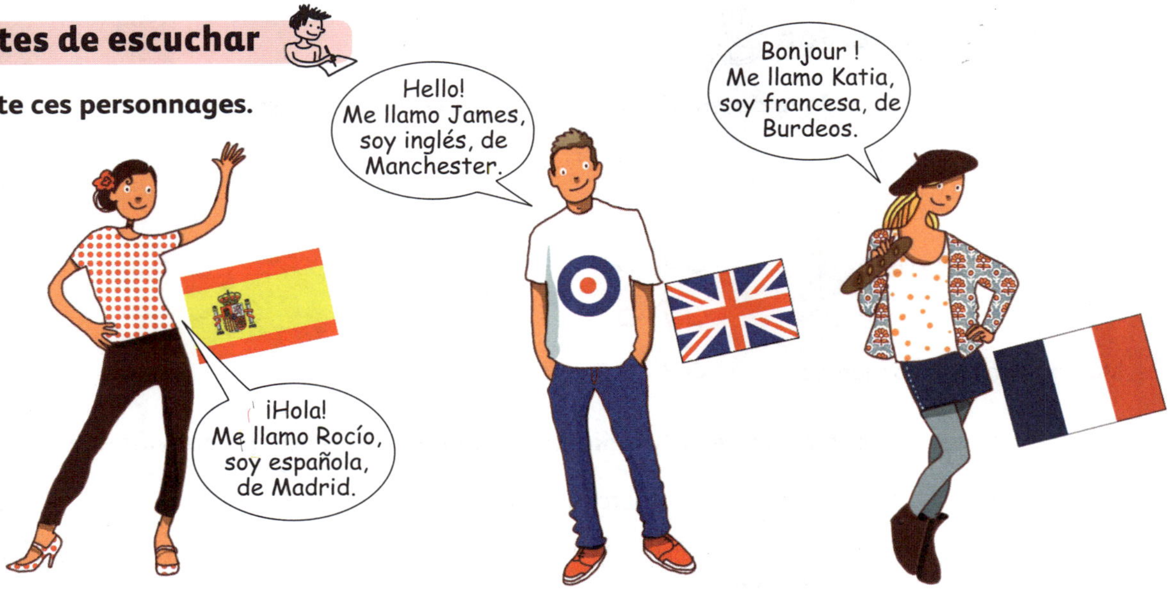

a. La chica morena .... Rocío. Es ...., de Madrid.

b. El chico .... inglés, de ...., se llama ....

c. La chica rubia es .... de .... y .... Katia.

2 Escucha

élève DVD-Rom

→ **Compréhension orale,** *manuel p. 20*

Primera escucha

Los chicos:	**Hablan:**
❑ se saludan	❑ 3 chicas y 1 chico
❑ se presentan	❑ 2 chicos y 2 chicas
❑ se despiden	❑ 1 chico y 1 chica

Segunda escucha **¿Verdad o mentira?**

La chica:			**El chico:**		
se llama Ángela	❑ V	❑ M	se llama Martín	❑ V	❑ M
tiene tres años	❑ V	❑ M	tiene trece años	❑ V	❑ M
es de Madrid	❑ V	❑ M	es de Valencia	❑ V	❑ M

3 Lengua

Complète ces phrases avec le verbe *ser* au présent de l'indicatif.

a. Los chicos ......son...... españoles.

b. ¿De dónde ......eres...... (tú)?
......Yo soy...... de Pamplona.

c. ¿......Sois...... franceses vosotros?
Sí, ... franceses.

d. ¿Qué .... tu mascota?
Mi mascota .... un perro.

4 Diálogo loco

Complète les questions et relie-les à une réponse pour former un dialogue.

¿.................................... te llamas?	Soy de Toledo.
¿De .... eres?	Me llamo Belén.
¿.................................... años tienes?	Es un gato.
¿.................................... es tu mascota?	Tengo catorce años.

Son mis amigos

→ manuel p. 21

1 Antes de conversar

Complète cette carte avec tes données personnelles.

Nombre: ....

Apellido: ....

Edad: ....

Nacionalidad: ....

Ciudad: ....

Idiomas: ....

2 Conversa

→ manuel p. 21, 2. e

Imita a los chicos del vídeo y presenta a tus amigos.

Mi amigo(a) .... es .... Su apellido es .... Tiene .... y vive en .... en la ciudad de .... Habla .... en casa, pero también aprende .... Sus padres ....

3 Lengua

Écris une phrase à partir de chaque série de mots en conjuguant les verbes au présent.

a. vivir | vosotros | en | Bogotá | hablar | español | y

Vosotros vivís en Bogota y habláis españole

b. española | Cristina | Sevilla | vivir | en | y | ser

Cristina vive en Sevilla y es española

c. en | español | aprender | clase | yo | francés(-esa) | ser | y

Yo soy francés y en clase aprendo español

d. ellos | en | portugués | y | hablar | Lisboa | vivir

Ellos viven en Lisboa y hablan portugués

4 Cada oveja con su pareja

Relie les cases pour former 10 adjectifs de nationalité.

PORTU	NO
MARRO	MÁN
ITALIA	BIANO
MEXI	CÉS
COLOM	TINO
ALE	GLÉS
IN	GUÉS
ARGEN	ÑOL
FRAN	CANO
ESPA	QUÍ

¡Qué chico más normal!

→ manuel p. 22

1 Escucha

Piste 3 MP3 spécial cahier

1 Écoute la description du personnage et choisis la silhouette qui lui correspond.

2 Écoute de nouveau la description du personnage et complète les mots manquants.

Mi nuevo amigo es un poco .... Es muy .... y ...., tiene el pelo .... y es .... No es .... ni viejo. Lleva siempre un .... mexicano. Es un hombre .... pero es un pintor con ....

2 Antes de expresarte

Regarde les dessins et décris ces cinq personnages.

a. ¿Qué personajes son…?

– morenos con el pelo corto: nacho

– rubios con el pelo largo: Ana

b. ¿Qué personaje es alto, un poco gordo con el pelo moreno y largo?

raquel

c. ¿Qué personajes no son…?

– delgados: Alex y ana

– gordos: Mario y nacb

d. ¿Cómo es Mario? Mario es Alto

e. Y tú, ¿cómo eres? Alto y guapo y musclé

3 Lengua

Réponds aux questions négativement selon le modèle.

¿Te llamas Pablo? → *No, no me llamo Pablo, me llamo Juan.*

a. ¿Eres español ? → No, no esto Francés

b. ¿Tienes veinte años? → No, no tengo doce años

c. ¿Eres alto y delgado? → No, no eres alto y delgado

d. ¿Ves a Laura en la foto? → No, no veo a Laura en la foto, veo Pépito.

Soam

El Astroblog

→ manuel p. 23

1 Antes de escribir

1 Relie chaque adjectif avec son contraire.

1. trabajador
2. tranquilo
3. alegre
4. atrevido
5. generoso
6. valiente

a. cobarde
b. tímido
c. triste
d. inquieto
e. vago
f. avaro

....
....
....
....
....
valiente ≠ cobarde

2 Choisis trois qualités et trois défauts pour te décrire. Rédige ensuite une brève présentation.

Por el lado positivo soy ....
....
....

Por el lado negativo soy ....
....
....

2 Lengua

Choisis l'option correcte pour donner un sens à la phrase.

a. La chica es simpática / enérgico.
b. Aprender español es útil / joven.
c. Las fotos son bellas / trabajadoras.
d. El abuelo es viejo / astrológico.
e. Hablar inglés es tímido / difícil.

3 Sopa de letras

Retrouve les signes du zodiaque dans la grille. Place ensuite les noms à coté des symboles.

ARIES

....

....

....

....

....

C	H	G	E	M	I	N	I	S	K	J	V
A	Y	R	A	Z	Q	D	B	C	U	M	I
N	R	G	S	L	I	B	R	A	F	E	R
C	D	I	Z	Q	C	A	X	P	N	P	G
E	C	H	E	E	S	C	O	R	P	I	O
R	F	T	L	S	R	U	A	I	P	S	M
S	D	A	V	R	J	A	N	C	O	C	O
T	H	U	D	L	X	R	D	O	B	I	L
F	G	R	B	L	E	I	C	R	Z	S	I
M	L	O	A	D	I	O	R	N	X	T	A
H	X	A	M	L	E	I	O	I	R	Z	O
S	A	G	I	T	A	R	I	O	T	V	E

....

....

....

....

....

....

Soam N

Banco de ejercicios

Manuel Numérique – Exercices interactifs – élève DVD-Rom

→ Retrouve ces exercices sur le site www.nathan.fr/juntoscollege, ils sont interactifs et autocorrectifs.

¿Cómo se pronuncia?

1 Escucha las palabras. ¿Qué sonido oyes: "en", "an" o "in"?

2 Escucha las palabras. ¿Contienen el sonido [χ] de "joven" o el sonido [g] de "domingo"?

Lengua

3 Conjuga en presente los verbos entre paréntesis.

a. Mis hermanas se (llamar) .... Jena y Joya.
b. Tu madre (tener) .... el pelo largo.
c. Manuel y yo (aprender) .... español en clase.
d. Tú no (ser) .... inglés.
e. Yo no (hablar) .... con mi mascota.
f. ¡Hola chicas! ¿Dónde (vivir) ....?

4 Elige la palabra interrogativa que conviene: *cuántos, cómo, quién, qué, dónde, cuándo, por qué.*

a. ¿...................... aprendes en clase? –Aprendo español.
b. ¿...................... viene tu familia? –Viene mañana.
c. ¿...................... viven los italianos? –Viven en Italia.
d. ¿...................... años tienes? –Tengo trece años.
e. ¿...................... te llamas? –Me llamo Pedro.
f. ¿...................... eres normal? –Soy normal porque no soy ni flaco, ni gordo.
g. ¿...................... es tu madre? –Es la señora de ojos azules.

Léxico

5 Indica en qué país se habla español.

a. Perú
b. Italia
c. Portugal
d. Bolivia
e. Brasil
f. Egipto
g. Argentina
h. Venezuela
i. Alemania

6 Pon las letras en orden para descubrir miembros de la familia.

a. ANAREHM ....
b. EADPR ....
c. JIHO ....
d. UBALEA ....
e. AERMD ....

Mon bilan de compétences A1

Maintenant je sais…			
comprendre quelqu'un qui se présente. **C2** ▶ ***Comprendre les points essentiels d'un message oral.***			
me présenter et présenter quelqu'un. **C2** ▶ ***Reproduire un modèle oral.***			
poser des questions personnelles et y répondre. **C2** ▶ ***Établir un contact social.***			
comprendre des liens de parenté et un portrait physique et moral. **C2** ▶ ***Savoir repérer des informations dans un texte.***			
rédiger un bref portrait pour un thème astral. **C2** ▶ ***Écrire une description.***			

Maintenant je connais…			
les pays hispaniques dans le monde et quelques célébrités hispanophones. le peintre espagnol Francisco de Goya. **C5** ▶ ***Identifier la diversité des langues et des cultures.***			

Unidad 2 ¿Dónde vives?

¿Dónde está Barcelona? → manuel p. 34

1 Antes de escuchar

Découvre la carte d'Espagne.

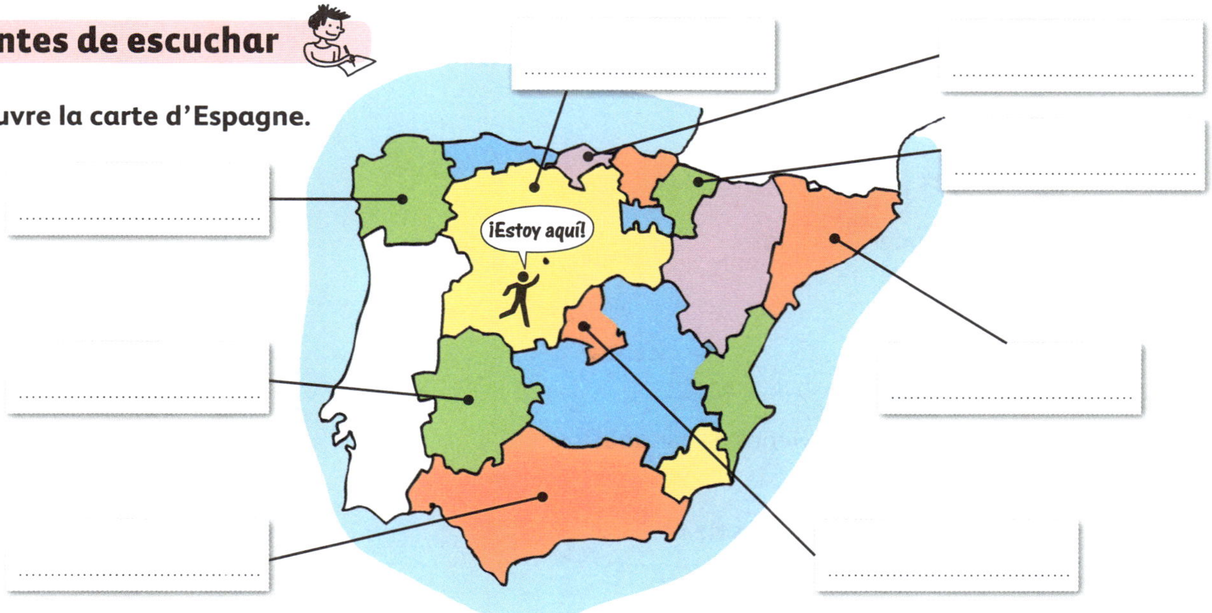

1 Situe ces communautés autonomes sur la carte.

a. Se llama Andalucía y está en el sur.

b. Se llama como la capital del país.

c. Está al este de Aragón y se llama Cataluña.

d. Antonio está en Castilla y León, al norte de Madrid.

2 Remets les lettres de ces régions dans l'ordre et rajoute-les sur la carte.

– BARNCAITA ....

– VRAAANR ....

– IACGLAI ....

– EMURATREXDA ....

2 Escucha

→ **Compréhension orale,** *manuel p. 34*

Primera escucha

Hablan:

- ❑ tres chicos y una chica
- ❑ tres chicas y un chico
- ❑ tres chicas y dos chicos

Segunda escucha

Los jóvenes explican:

- ❑ dónde estudian
- ❑ dónde viven
- ❑ dónde están

Tercera escucha

Busca las ciudades intrusas en la lista:

- ❑ Bilbao
- ❑ Sevilla
- ❑ Granada
- ❑ Madrid
- ❑ Valencia

3 Lengua

Complète ces phrases avec le verbe *estar* au présent de l'indicatif.

a. El País Vasco .... en el norte de España.

b. Soy la capital de España, ... en el centro del país.

c. Somos las Islas Baleares, ... en el mar Mediterráneo.

d. Castilla-La-Mancha y Andalucía .... al sur de Madrid.

¡Vienes de Madrid!

→ manuel p. 35

1 Escucha

MP3 spécial cahier — Piste 4

Écoute cette conversation et note les questions ou les réponses manquantes.

	¿De dónde vienes?	¿De dónde son tus padres?	
Estoy en Barcelona.			Sólo conozco Madrid por fotografías.

2 Imagina

→ manuel p. 35, 2. d

El chico quiere conocer a Faina. Prepara el diálogo.

Damián | Faina

Damián: Vengo de Madrid, y tú, ¿ .... vienes?

Faina: ....

Damián: ¿ .... vienes a vivir aquí?

Faina: ....

Damián: ¿Qué conoces de Madrid?

Faina: .... Y tú, ¿conoces .... ?

Damián: .... ¿Y tus abuelos, de .... son?

Faina: Pues de..

3 Lengua

Relie ces verbes à la personne à laquelle ils sont conjugués.

yo | tú | él/ella | nosotros | vosotros | ellas/ellos

estáis | viene | estás | venimos | vienen | están | vengo | venís | estoy

4 Crucigrama

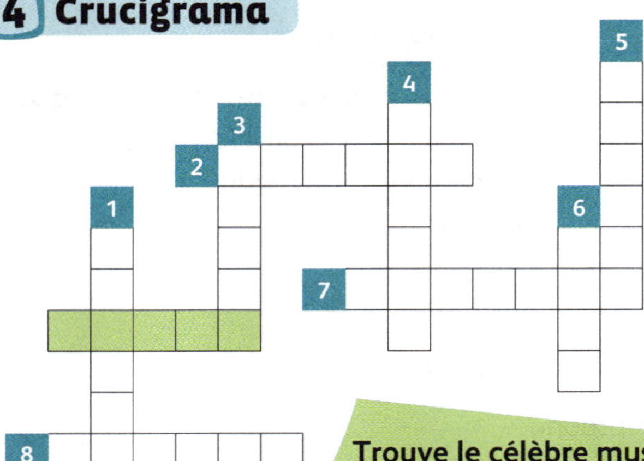

Trouve le célèbre musée caché dans les cases vertes.

Es el ....

1. Es verde y tiene árboles y jardines.
2. Está en el centro de España y es la capital.
3. Vienes a ver obras de arte en sus salas.
4. Es grande y tiene muchas calles y plazas.
5. Es una foto turística de mi ciudad.
6. Francia es uno, España es otro.
7. Está en el centro del país y se llama Madrid.
8. Está en Madrid y es un parque.

¿Cómo voy a tu casa?

→ manuel p. 36

1 Escucha

Piste 5 — MP3 spécial cahier

1 Écoute la conversation téléphonique et remets les répliques dans l'ordre.

a. En el segundo, a la derecha.

b. ¿Cómo voy a tu casa?

c. Es la calle Cervantes, número 15.

d. Bueno. ¿Y luego?

e. Vale. Ya voy. ¡Hasta ahora!

f. Vas por la Gran Vía y coges la calle Serrano a la derecha.

g. ¿Cómo se llama la calle?

h. Sigues recto, y es la tercera a la izquierda.

i. Y ¿en qué piso está tu casa?

1. ¿Cómo voy a tu casa?
2. ....
3. ....
4. ....
5. ....
6. ....
7. ....
8. ....
9. ....

2 Écoute de nouveau les indications de Paula et trace le chemin pour aller du parc à chez elle.

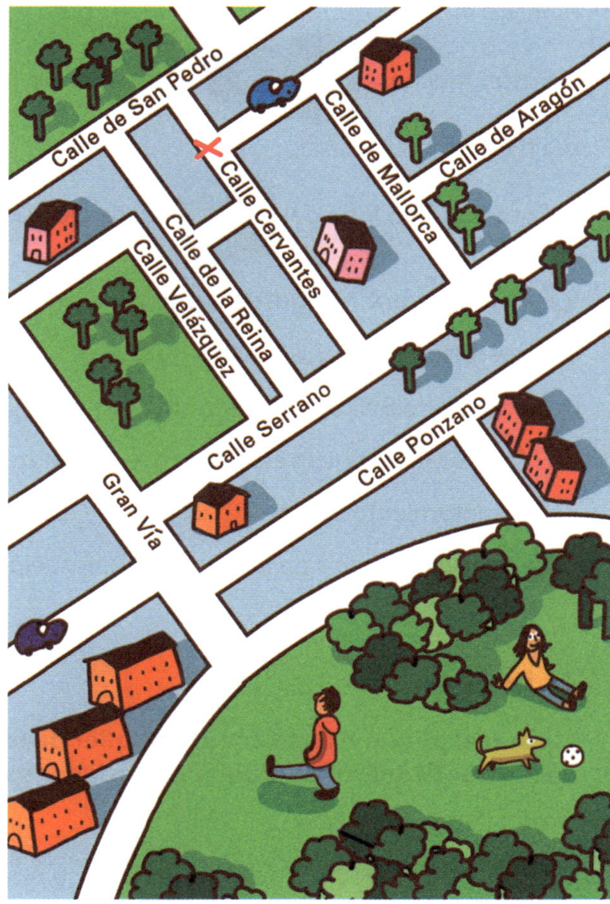

2 Imagina

→ manuel p. 36, 2. e

Escribes una postal a Belén. Su dirección completa es:

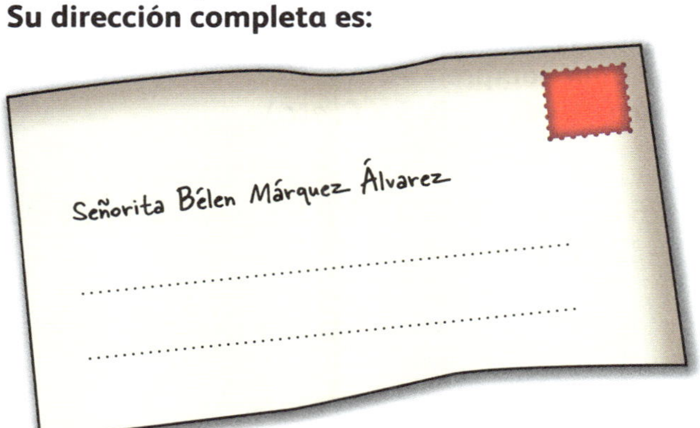

3 Lengua

Quelle est la direction indiquée par ces panneaux ?
¿A la derecha, a la izquierda, todo recto?

....

....

Por la ciudad → manuel p. 37

1 Antes de conversar 

1 Complète ce texte avec les mots : *museo, avenidas, estación, puente, ayuntamiento.*

a. De la .... salen muchos  trenes cada día.

b. Visito el .... para ver  cuadros.

c. Pasan muchos 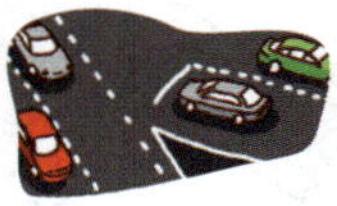 coches por las grandes .... de la ciudad.

d. En el .... trabaja el  alcalde de la ciudad.

e. Para ir al otro lado del  río, tengo que pasar por un ....

2 Vrai ou faux ? Regarde sur le plan de ton manuel et corrige si c'est faux.

a. La estación está lejos del río. ❑ V ❑ F ....

b. El museo de Bellas Artes está al lado de la iglesia. ❑ V ❑ F ....

c. El Museo Guggenheim está en la avenida Mazarredo. ❑ V ❑ F ....

d. El ayuntamiento está cerca del Museo Guggenheim. ❑ V ❑ F ....

e. La iglesia está lejos de la plaza de Venezuela. ❑ V ❑ F ....

2 Lengua

Lucía a expliqué à Rosa comment aller de la gare jusqu'à chez elle, mais elle ne peut pas déchiffrer l'itinéraire. Aide-la à retrouver son chemin avec les prépositions *de, en, a, por*.

Para venir .... la estación .... mi casa, vas .... la avenida de Buenos Aires.
Después del teatro, giras .... la derecha y pasas .... la plaza Moyúa.
Luego vas todo recto .... la calle Elcano. Mi casa está .... la calle Elcano,
al lado .... museo de Bellas Artes.

3 Mensaje secreto

Déchiffre le message pour comprendre ce que te propose Paco (1 = A, 2 = B, 3 = C, etc.).

¡8-16-12-1! / 20-16-26 / 17-1-3-16. / 5-20-21-16-26 / 5-14 / 12-1 / 17-12-1-27-1 / 13-16-26-22-1. / ¿23-1-13-16-20 / 10-22-14-21-16-20 / 1-12 / 13-22-20-5-16?

¡_ _ _ _! _ _ _ / _ _ _ _ . _ _ _ _ _ _ / _ _ / _ _ / _ _ _ _ _ / _ _ _ _ _ . ¿_ _ _ _ _ / _ _ _ _ _ _ / _ _ / _ _ _ _ _?

En casa de Teresa

→ manuel p. 38

1 Antes de escuchar

1 Retrouve le nom de toutes les pièces de la maison.

- la escalera ☐
- la cocina 8
- el comedor ☐
- el cuarto de baño ☐
- el dormitorio ☐
- el garaje ☐
- el salón ☐
- la terraza ☐

2 Regarde le plan et complète ces phrases avec les mots suivants : *arriba, abajo, dentro, fuera, al lado*.

a. En casa de Teresa, la cocina, el comedor y el salón están ....

b. El comedor está .... de la cocina.

c. El coche está .... del garaje.

d. Hay una terraza para comer ....

e. .... hay tres dormitorios.

2 Escucha

élève DVD-Rom

→ Compréhension orale, *manuel p. 38*

Primera escucha

Precisa si están en:

❑ la casa de una chica
❑ el jardín de la casa
❑ la calle delante de la casa

Segunda escucha

Ordena los cuartos que enumera la chica de 1 a 5.

☐ el aseo ☐ los dormitorios
☐ el salón ☐ el baño ☐ la cocina

3 Puzzle

Associe les mots synonymes ou antonymes.

dentro – subir – piso – planta – bajar – dormitorio – fuera – abajo – arriba – habitación

¡Quiero una habitación nueva!

→ manuel p. 39

1 Antes de escribir

Voilà la nouvelle chambre de Pablo. Regarde le dessin et retrouve ce qu'il a demandé à ses parents.

Hola papá y mamá,

.... una habitación nueva verde y azul. Quiero un .... para guardar *(ranger)* mis libros y una .... grande con una .... para estudiar con el ordenador. Quiero también .... de mis cantantes favoritos en las paredes. Por último, quiero una .... nueva con una colcha verde.

Muchas gracias y muchos besos.

Pablo

2 Lengua

Vrai ou faux ? Où sont les affaires de Pablo ?

a. La cama está delante de la silla. ❑ V ❑ F ....

b. El ordenador está en la mesa. ❑ V ❑ F ....

c. La mochila está detrás del armario. ❑ V ❑ F ....

d. El balón está debajo de la cama. ❑ V ❑ F ....

e. El MP3 está en el suelo. ❑ V ❑ F ....

3 Sopa de letras

Retrouve dans la grille les verbes au présent de l'indicatif et indique la personne à laquelle ils sont conjugués.

E	M	R	E	V	K	G	B	A	I
N	E	D	E	U	P	A	J	K	Y
Q	U	E	R	E	I	S	S	U	M
S	A	G	E	L	L	O	T	A	Q
U	C	R	A	V	M	M	B	E	T
B	W	M	O	E	E	A	V	Z	C
I	O	G	G	S	X	V	F	H	H
S	C	O	N	T	Z	D	K	X	L
P	C	W	E	O	I	Z	T	J	B
F	B	S	V	Y	O	F	O	N	T

bailar BAILAMOS (nosotros/as)

llegar ....

estar ....

poder ....

querer ....

volver ....

ir ....

venir ....

subir ....

coger ....

Banco de ejercicios

Manuel Numérique Exercices interactifs – élève DVD-Rom

→ Retrouve ces exercices sur le site www.nathan.fr/juntoscollege, ils sont interactifs et autocorrectifs.

¿Cómo se pronuncia?

1 Escucha las palabras y di si contienen el sonido [χ] de "joven" o el sonido [r] de "pero".

2 Escucha los verbos y di si contienen un diptongo ("ue" o "ie").

Lengua

3 Conjuga en presente los verbos entre paréntesis.

a. Mi padre no (querer) .... ir al restaurante.

b. Claudina y yo no (poder) .... visitar todas las regiones.

c. Cuando me lo dice mi madre, (yo, volver) .... a casa.

d. Nuestra casa (tener) .... cuatro habitaciones.

e. A las nueve, mi hermanita (ir) .... a la cama.

f. Vosotros (venir) .... a Bilbao a ver el museo Guggenheim.

4 Elige la preposición que conviene.

a. Subo (a / de / por / en) mi cuarto. **b.** Durante el verano me paseo (a / de / por / en) Castilla-La-Mancha. **c.** Mis amigos viven (a / de / por / en) Andalucía. **d.** Las personas que vienen (a / de / por / en) Madrid llegan a Barcelona. **e.** Voy (a / de / por / en) Mérida a ver el Museo Romano. **f.** Para ir a Valencia paso (a / de / por / en) Zaragoza.

Léxico

5 Asocia cada palabra con su contrario.

a la izquierda •	• cerca (de)
detrás (de) •	• debajo (de)
encima (de) •	• fuera (de)
lejos (de) •	• delante (de)
dentro (de) •	• a la derecha

6 Coloca cada palabra en la columna que le corresponde.

el comedor – la cocina – la calle – el salón – el barrio – el ayuntamiento – el dormitorio – la avenida – el cuarto de baño – el parque – la plaza

la casa	la ciudad
....	....

Mon bilan de compétences A1

Maintenant je sais…

		😊	😐	☹
	comprendre quelqu'un qui parle de sa ville et de sa maison. C2 ▶ *Comprendre les points essentiels d'un message oral.*			
	dire où je vis et décrire une maison. C2 ▶ *Reproduire un modèle oral.*			
	demander et expliquer un itinéraire. C2 ▶ *Demander et donner des informations.*			
	comprendre d'où vient quelqu'un et quelle est son adresse. C2 ▶ *Savoir repérer des informations dans un texte.*			
	formuler une demande écrite. C2 ▶ *Écrire un message simple.*			

Maintenant je connais…

	😊	😐	☹
Les régions, les villes et l'habitat espagnols. Le peintre colombien Fernando Botero. C5 ▶ *Identifier la diversité des civilisations.*			

Mi día a día

El día libre de Inés

→ manuel p. 50

1 Antes de escuchar

1 Qui fait quoi ? Note le prénom de celui qui fait chaque activité.

a. Hace los deberes: ....

b. Navega por internet: ....

c. Descansa: ....

d. Se va al centro: ....

e. Ve la tele: ....

2 Complète les phrases avec : *comer, ceno, meriendo, desayuno.*

Los sábados, me levanto y .... a las nueve. Luego me encuentro con los amigos, y solemos .... a las dos. Por la tarde .... y después, por la noche .... en familia.

2 Escucha

élève DVD-Rom

→ Compréhension orale, *manuel p. 50*

Primera escucha

Habla:	Tiene:	Habla de:
❑ un chico	❑ 13 años	❑ sus actividades
❑ una chica	❑ 15 años	❑ sus libros

Segunda escucha Marca la columna correcta.

	Por la mañana	Por la tarde
Ordena su habitación		
Hace los deberes		
Ve la tele		
Navega por internet		

3 Lengua

1 Écris une phrase à partir de chaque série de mots en conjuguant les verbes au présent.

Inés | los deberes | poner | y | en la mesa | sus libros | hacer

....

hacer | mis ejercicios | yo | a jugar | y después | ponerme

....

2 Complète ces phrases avec le verbe *soler* au présent de l'indicatif.

a. Los domingos (yo) .... dormir mucho. **b.** (nosotros) .... chatear por internet con los amigos. **c.** (tú) .... llamarme por teléfono. **d.** Mis padres .... cenar tarde.

Un día de clase

→ manuel p. 51

1 Antes de conversar

1 Vrai ou faux ? Regarde la bande dessinée de ton manuel et corrige si c'est faux.

a. Javi se despierta a las seis y cuarto. ❏ V ❏ F ....

b. Javi desayuna con su hermana. ❏ V ❏ F ....

c. Javi llega al colegio a las ocho en punto. ❏ V ❏ F ....

d. Tiene clase de francés a las once y diez. ❏ V ❏ F ....

e. Javi vuelve a casa en autobús a las tres. ❏ V ❏ F ....

2 Associe ces téléphones à l'heure qu'ils indiquent.

a. Son las cuatro en punto. ....

b. Son las diez y cinco. ....

c. Es la una y cuarto. ....

d. Son las nueve y media. ....

e. Son las siete menos diez. ....

2 Lengua

Voici une page de l'agenda de Javi. Écris ce qu'il fait en toutes lettres.

Lunes

7:00	Me levanto
7:15	Me arreglo
7:40	Desayuno
8:10	Llego al colegio
9:15	Clase de matemáticas
14:20	Vuelvo a casa
14:30	Como en casa

Los lunes, por la mañana, Javi…

Se .... a las ....

Luego ....

Después .... a las ....

A las ....

Tiene .... a las ....

A las ....

y ....

3 Diálogo loco

Associe la question à sa réponse. Attention, il manque une question.

¿Qué haces a las nueve?

¿A qué hora te levantas?

¿Cuándo sueles hacer los deberes?

¿Ves la tele?

¿ .... ?

Como a las dos.

Desayuno a las nueve.

Sí, veo un poco la tele por la tarde.

Suelo hacer los deberes temprano.

Me levanto a las ocho y media.

Mi horario escolar

→ manuel p. 52

1 Antes de conversar

1 Vrai ou faux ? Regarde l'emploi du temps de ton manuel et corrige si c'est faux.

a. Aprenden tres idiomas: inglés, francés y alemán. ❑ V ❑ F ....

b. Los miércoles tienen música. ❑ V ❑ F ....

c. Estudian lengua y literatura todos los días. ❑ V ❑ F ....

d. Los martes no tienen clase de matemáticas. ❑ V ❑ F ....

e. Los viernes terminan con física y química. ❑ V ❑ F ....

2 Complète ton propre emploi du temps avec le nom des matières en espagnol.

	LUNES	MARTES	MIÉRCOLES	JUEVES	VIERNES
Recreo					

2 Lengua

Aide Carmen à s'organiser. Mets dans l'ordre son emploi du temps de la journée. Utilise *tener que*.

ir al colegio | hacer los deberes | participar en clase | volver a casa | levantarse a la hora | acostarse temprano

a. Primero Carmen tiene que ....

b. Segundo ....

c. ...., con sus compañeros, ...

d. ....

e. ....

f. Por fin ....

¿Qué haces después del cole?

→ manuel p. 53

1 Antes de escribir

1 Alberto décrit son activité du mercredi. Imagine ce qu'il raconte en t'inspirant de l'affiche.

¡Hola, amigos! Los .... después del cole a las ....
de la tarde voy a .... con ....
Tocamos en un grupo de .... (yo, toco ....).
¡Es ....!

2 Complète ces phrases avec le genre musical correspondant: ***salsa, flamenco, rock, tango.***

a. El .... es el género musical más famoso de España.

Las  bailadoras tocan las  castañuelas.

b. La .... es una música cubana. Los músicos tocan las percusiones y las  maracas.

c. Los músicos de .... tocan la  guitarra y la batería.

d. En Argentina, la gente baila .... hasta en la calle. Los músicos tocan el 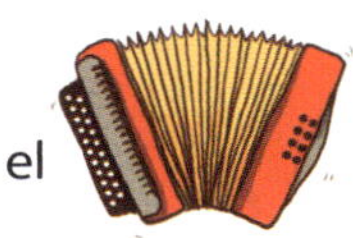 bandoneón.

2 Lengua

Entoure la bonne réponse.

a. El primer / primero / primera alumno que sabe la respuesta, levanta la mano.

b. Sois buen / buenos / buenas estudiantes.

c. Es el tercer / tercero / tercera día de clase.

d. Tengo una buen / bueno / buena nota.

e. Tengo un gran / grande / grandes profesor.

3 Juegos olímpicos

Retrouve huit sports dans la grille et trouve le sport caché.

ÚFTOLB
GIISANMA
NOTBELSOAC
LOCSIICM
LEVLIOBO
NLONABAMO
TIMLATSOE
NETSI

Un domingo de lluvia

→ manuel p. 54

1 Escucha

MP3 spécial cahier – Piste 6

1 Écoute la conversation téléphonique et complète le tableau avec les verbes employés par la mère et sa fille.

Madre	¿Qué estás ……………… ?	te estoy ………………	ven ………………
Hija	están ……………… ……………… y estamos ………………	Estamos ……………… ……………… ………………	Sí. ¡Hasta ahora!

2 Entoure les intrus dans cette liste de loisirs.

ir a clase – leer – ver la tele – chatear en tuenti – jugar con la videoconsola – lavarse los dientes – navegar por internet – tocar música – ordenar la habitación

2 Conversa

→ manuel p. 55, 2. d

Llama por teléfono la madre de Mario y le pregunta qué está haciendo con sus amigos. Con un compañero, imaginad el diálogo.

–Mario, soy mamá. ¿ ……………………………… ?

–Estoy ………………………………

–¿Y tus compañeros, cómo ……………………………… el tiempo?

–Laura está ……………… y Juan va ………………

–Bueno, está bien, pero ………………………………

–Vale, ………………………………

3 Lengua

Dis si tu passes beaucoup ou peu de temps à faire ces activités.

a. Hablar con los amigos ……… *Paso mucho tiempo hablando con los amigos.* ………

b. Practicar un deporte ………………………………

c. Escuchar música ………………………………

d. Chatear ………………………………

e. Ordenar la habitación ………………………………

f. Jugar a videojuegos ………………………………

¿Qué está haciendo?

→ manuel p. 55

1 Antes de expresarte

Complète ces phrases avec les verbes suivants au présent progressif : ***volver, correr, escribir, comer, hacer gimnasia.***

a. La chica .... y .... en el parque.

b. Mi colega .... una manzana en el trabajo.

c. (Yo) .... a casa en bicicleta.

d. El señor .... con el ordenador.

2 Lengua

Regarde les dessins et décris ce que chacun est en train de faire en repérant les 5 différences. Utilise les verbes : ***escribir, hablar por teléfono, leer, reír, beber, decir, sonreír, salir, mirar por la ventana, escuchar.***

....

....

....

....

....

3 El chateo loco

Numérote chaque case pour retrouver l'ordre des messages entre Álvaro y Esteban.

☐ <Esteban> Hola, Álvaro. Sí, y tú ¿qué estás haciendo?

☐ 1 <Álvaro> Hola, Esteban, ¿estás chateando?

☐ <Álvaro> Bueno, yo no estoy haciendo nada especial, estoy pasando el tiempo leyendo cómics y chateando… ¿Y tú?

☐ <Álvaro> ¿Qué estás diciendo? ¡No puede ser! ¡Raúl suele ganar siempre!

☐ <Esteban> Pues yo estoy con Quique y Raúl, estamos jugando con la consola y va ganando Quique.

Banco de ejercicios

Manuel Numérique Exercices interactifs — élève DVD-Rom

→ Retrouve ces exercices sur le site www.nathan.fr/juntoscollege, ils sont interactifs et autocorrectifs.

¿Cómo se pronuncia?

1 Escucha las palabras. Contienen el sonido [s] de "casa", ¿sí o no?

2 Escucha las palabras y di si contienen un diptongo ("ue" o "ie").

Lengua

3 Conjuga los verbos, en primera persona.

a. A las seis de la tarde (hacer) .... mis deberes.

b. Por la mañana (poner) .... la mesa para el desayuno.

c. (salir) .... del colegio a las dos en punto.

d. (tener) .... tres horas de matemáticas a la semana.

4 Conjuga los verbos entre paréntesis en presente progresivo.

a. ¿Qué me estás (decir) ....?

b. A las once de la noche estoy (dormir) ....

c. Estamos (comer) .... todos en el comedor.

d. El profesor nos está (leer) .... un texto.

e. Estamos (sonreír) .... cuando volvemos del cole.

f. Me estáis (hablar) ....

g. Están (venir) .... muchos amigos a casa.

h. Con tu videoconsola estás (vivir) .... una aventura.

Léxico

5 Relaciona cada hora con su transcripción.

13:30 •	• Son las cinco y diez.
09:15 •	• Es la una y media.
17:10 •	• Son las cuatro menos veinte.
08:20 •	• Son las dos en punto.
15:40 •	• Son las nueve y cuarto.
14:00 •	• Son las ocho y veinte.

6 ¿Qué verbos corresponden a las definiciones?

a. Salir de la cama. L _ _ _ _ _ _ _ _ _

b. Lavarse en la ducha. D _ _ _ _ _ _ _

c. Los españoles lo hacen a las diez de la noche. C _ _ _ _

d. Prepararse. A _ _ _ _ _ _ _ _ _

e. Irse a la cama. A _ _ _ _ _ _ _ _

f. El contrario de "ir". V _ _ _ _ _

g. Tomar la primera comida del día. D _ _ _ _ _ _ _ _

h. Un alumno va a clase para eso. A _ _ _ _ _ _ _

Mon bilan de compétences A1

Maintenant je sais...			
comprendre quelqu'un qui parle de ses activités quotidiennes. **C2 ▸ *Comprendre les points essentiels d'un message oral.***			
dire l'heure et décrire mon emploi du temps. **C2 ▸ *Reproduire un modèle oral.***			
demander et expliquer ce que quelqu'un est en train de faire. **C2 ▸ *Demander et donner des informations.***			
comprendre le récit d'une journée. **C2 ▸ *Savoir repérer des informations dans un texte.***			
raconter une journée et décrire des activités dans un *chat*. **C2 ▸ *Écrire un court récit, une description.***			

Maintenant je connais...			
les activités des collégiens espagnols et latino-américains. le peintre et sculpteur espagnol Salvador Dalí. **C5 ▸ *Identifier la diversité des sociétés.***			

Unidad 4

¡A pasarlo bien!

¡Sí que te gusta leer!

→ manuel p. 66

1 Antes de conversar

1 Déchiffre ce que disent Sofía et Jorge.

a. Jorge dice que le gusta ....
pero que no le gusta ....

b. Sofía dice que le gusta ....
pero que no le gusta ....

2 Numérote les répliques pour retrouver l'ordre du dialogue entre Diego et Irene.

☐ ¿Y qué tipo de películas te gustan?

☐ ¿Tienes otras aficiones?

☐ Irene, ¿qué te gusta hacer en tu tiempo libre?

Sí, me gusta leer y hacer deporte. ☐

Pues mira, a mí me gusta reunirme con los amigos, ir al cine… ☐

Me encantan las comedias. ☐

2 Lengua

Associe les mots de ces étiquettes pour former 2 phrases avec les verbes *gustar* ou *encantar*.

películas | Juan | de fútbol | ver | los partidos | Nos gusta | a nosotros | a tu amigo | le encantan | de acción

1. ....
....
....

2. ....
....
....

3 Sopa de letras

Retrouve ces 9 activités dans la grille : ***ajedrez, cine, chateo, lectura, pintura, música, teatro, danza, fotografía.***
Trouve aussi le nom de l'activité illustrée et note-le.

M	Y	P	M	Ú	S	I	C	A	R
O	Q	N	B	Y	C	L	J	Í	O
E	R	C	H	A	T	E	O	F	J
S	E	T	X	K	D	C	U	A	G
D	U	Q	A	R	U	T	R	R	U
G	J	A	E	E	B	U	T	G	U
V	E	Z	Z	O	T	R	A	O	V
V	E	N	L	N	C	A	L	T	N
T	N	Í	I	D	A	X	E	O	Q
R	N	P	U	C	Q	D	H	F	U

....

Me gusta mucho chatear

→ manuel p. 67

1 Escucha

MP3 spécial cahier — Piste 7

1 Écoute l'enregistrement et coche les goûts de la jeune fille qui parle.

Le gusta mucho estar:
❑ con sus padres
❑ con sus amigos
❑ con sus amigas

Les gusta:
❑ hablar de deporte
❑ escuchar música
❑ mirar revistas
❑ utilizar Facebook

2 Écoute de nouveau l'enregistrement et note les autres passions d'Ana.

....

....

....

2 Imagina

→ *manuel p. 67, 2. d*

Redacta una ficha de presentación con los gustos y aficiones de otro(a) chico(a) español(a).

Nombre: .... Edad: ....
Actividades favoritas: ....
Me gusta: ....
No me gusta: ....

3 Lengua

1 Observe le dessin et entoure le mot qui convient le mieux.

a. El hombre tiene en la mano una taza / una tacita.

b. El chico es joven / jovencito.

c. Por afecto, sus amigos le llaman Juan / Juanito.

2 Complète ces phrases avec : ***poco(a)(s), bastante(s), mucho(a)(s), demasiado(a)(s).***

a. En general veo .... la tele, prefiero ir al cine.

b. Tengo .... aficiones. Toco el piano, hago deportes y voy al teatro.

c. No quiero ir a clases de guitarra porque hago .... actividades.

d. Me gustan .... la música y la ópera.

¡Que lo pases bien!

→ manuel p. 68

1 Antes de escribir

1 Associe chaque verbe au mot qui lui correspond.

1. pasarlo 2. preparar 3. tener 4. disfrutar 5. desear 6. cumplir 7. invitar a

a. catorce años b. regalos c. bien d. un feliz cumpleaños e. una tarta f. los amigos g. del día

2 Selon leur signification, classe les mots, phrases ou expressions suivantes dans le ballon correspondant.

espero que tengas muchos regalos | hacer una fiesta | decorar la casa | ¡Que lo pases muy bien! | bailar | ¡Felicidades! | ¡Feliz cumpleaños! | invitar a los amigos | ¡Que disfrutes del día!

felicitar
....
....
....
....
....

desear
....
....
....
....
....

divertirse
....
....
....
....
....

2 Lengua

Aide Elena à conjuguer les verbes de sa carte.

Elena a écrit une carte d'anniversaire à sa meilleure amie, Laura. Elle a formulé plusieurs souhaits mais en oubliant de conjuguer les verbes.

¡Hola, Laura!
¡Feliz cumpleaños! Te deseo que .... (pasar) un buen día. Espero que tu madre te .... (preparar) una excelente tarta y que .... (recibir) muchos regalos. ¡Que te .... (divertir) mucho y que .... (cumplir) muchos más!
Un abrazo,
Elena

3 Serpiente de palabras

Sépare les mots pour reconstituer la chanson « Joyeux anniversaire » en espagnol, puis recopie-la en rétablissant la ponctuation.

cumpleañosfelizcumpleañosfeliztedeseamostodosuncumpleañosfeliz.

....

....

¿Quieres que vayamos al cine?

→ manuel p. 69

1 Antes de escuchar

Observe l'affiche de la p. 69 de ton manuel et complète ces phrases.

a. El cartel anuncia ....

b. La sesión es el .... a las ....

c. La película se titula ....

d. El precio es de ....

2 Escucha

élève DVD-Rom

→ **Compréhension orale,** *manuel p. 69*

Primera escucha

Leticia quiere hablar con:

❏ Alicia
❏ Azucena

Su amiga está con:

❏ un amigo
❏ dos amigos

Segunda escucha

Los amigos de Leticia quieren:

❏ jugar a los bolos ❏ ir al teatro
❏ jugar al futbolín ❏ ir al cine

Leticia acepta: ¿sí o no? Justifica.

....
....
....

Tercera escucha

Los amigos quedan:

❏ en casa de Leticia
❏ en la entrada del cine

3 Lengua

Complète les consignes que la mère de Leticia donne à sa fille, en conjuguant les verbes correctement.

a. Quiero que .... (llegar) a casa antes de las doce y media de la noche.

b. Tu padre y yo no queremos que .... (volver) sola y queremos que tus amigos te .... (acompañar) hasta casa.

c. Queremos también que .... (llevarse) el móvil y que nos .... (llamar) si tienes un problema.

4 ¿Adivina quién soy?

Associe les dessins avec leur définition.

a. Nos comes en el cine.

b. Te sientas encima de mí para ver una película.

c. Me compras para entrar en el cine.

d. Anuncio las películas.

e. Puedo ser romántica, cómica, de acción, de ciencia ficción.

1. la entrada

2. el cartel

3. las palomitas

4. la butaca

5. la película

¡No vayas sola!

→ manuel p. 70

1 Antes de escuchar

→ manuel p. 70, 1a

Antes de escuchar, observa el cartel y di qué anuncia.

a. El cartel anuncia: ❑ una película ❑ un concierto

b. Los artistas se llaman ....

c. El evento tiene lugar el .... a las .... en la ciudad de .... en ....

d. El precio de la entrada es de ....

2 Escucha

élève DVD-Rom

→ Compréhension orale, *manuel p. 70*

Primera escucha

Sofía quiere ir a ....
....
....
....

Segunda escucha

La madre quiere que:
❑ vuelva pronto
❑ vaya sola

La madre le prohíbe ir:
❑ sola
❑ acompañada

Tercera escucha

Sofía va a ir con:
❑ sus amigos ❑ sus primos

La madre le aconseja que:
❑ vuelva en metro
❑ tenga cuidado
❑ no olvide las llaves de casa

3 Lengua

Le père de Sofía a laissé à sa fille un mot qui s'est effacé sous la pluie... Complète ses conseils et interdictions avec les verbes : *ponerse, salir, separarse, tener.*

No quiero que ....
en la primera fila, es peligroso.
Al final del concierto, os aconsejo que
.... rápidamente. Y Sofía,
te prohíbo que ....
de tus amigos. Quiero que ....
.... mucho cuidado.

4 ¡Cuidado!

A la 2e personne, formule les interdictions correspondant à ces panneaux.
Utilise: *llamar por teléfono, fumar, subir al escenario, empujar.*

a. No ....

b. No ....

c. No ....

d. No ....

No voy a salir

→ manuel p. 71

1 Escucha

Piste 8 MP3 spécial cahier

Écoute ce dialogue et coche les réponses qui conviennent.

Ernesto:

- ❑ tiene ganas de salir
- ❑ no quiere salir porque no le gusta bailar
- ❑ tiene que estudiar
- ❑ no va a salir porque está enfadado con sus amigos

Víctor está:

- ❑ encantado
- ❑ decepcionado
- ❑ enfermo
- ❑ satisfecho

2 Antes de conversar

Propose des activités à ton ami(e), avec : ***chatear, pasar una semana en casa, ir al cine, ir a un concierto a las 23h.***

Il/elle refuse chaque proposition avec les explications suivantes : ***ser tarde, ir a dormir, el ordenador no funciona, ver la tele, los padres lo prohíben.***

Te apetece .... | ....

.... | ....

.... | ....

.... | ....

3 Lengua

1 Reconstitue les phrases et conjugue correctement les verbes après *para que*.

a. Para que Ana y yo (poder) .... jugar a los bolos, ●

b. Para que mis padres me (dejar) .... ir al concierto, ●

c. Para que (tú, ir) .... al cine con tus amigos, ●

● te doy 10 €.

● tenemos que ir a la bolera.

● tengo que pedir permiso.

2 Di lo que va a hacer Julia este fin de semana.

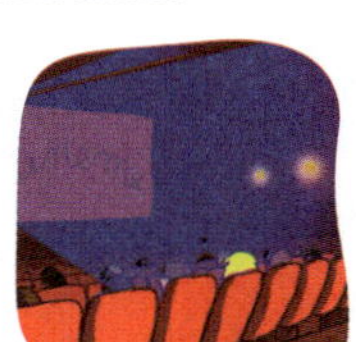

a. ....

b. ....

c. ....

Banco de ejercicios

Manuel Numérique – Exercices interactifs – élève DVD-Rom

→ Retrouve ces exercices sur le site www.nathan.fr/juntoscollege, ils sont interactifs et autocorrectifs.

¿Cómo se pronuncia?

1 Escucha las palabras e indica si contienen el sonido [θ] de "plaza" y "cena" o el sonido [s] de "casa".

2 Escucha la palabra e indica si es un diminutivo o no.

Lengua

3 Conjuga los verbos en subjuntivo.

a. Te aconsejo que (venir) .... conmigo al estadio.
b. Le prohíbo a Pedro que (comer) .... en el salón.
c. Mi madre no quiere que yo (salir) .... de noche.
d. ¿Quieres que (ir) .... los dos juntos al cine?
e. Deseo que mi abuelo (cumplir) .... los cien años.
f. Espero que vosotros me (invitar) .... a vuestra fiesta.
g. Mis padres quieren que (hacer) .... los deberes antes de ir a la cama.

4 Elige el pronombre y la forma del verbo.

a. A mí (me / le) (gusta / gustan) los conciertos.
b. A los alumnos (nos / les) (gusta / gustan) los ordenadores.
c. A nosotros no (te / nos) (gusta / gustan) dormir.
d. A Manolo (le / me) (gusta / gustan) el futbolín.
e. A ti (nos / te) (gusta / gustan) las canciones de Shakira.
f. A vosotros (os / les) (gusta / gustan) estudiar en vuestra habitación.

Léxico

5 Pon las letras en orden para descubrir emociones.

a. Veo a mi amiguita y me siento… ODNEAOARM
b. Cuando marco un gol estoy… NETOTNOC
c. Cuando oigo un ruido raro estoy… RNEPROSDDIO
d. Cuando veo una película dramática me siento… TTSIRE
e. Si no tengo nada que hacer, estoy… RIODRRBAU
f. Si un compañero se ríe de mí, estoy… DOFAADNE

6 Coloca las actividades en la columna adecuada.

el concierto – el fútbol – el ajedrez – el teatro – el patín – los bolos – la videoconsola – la lectura – el museo – el baloncesto – el cine – los naipes

deportes	en la ciudad	en casa
....	....	....

Mon bilan de compétences A1

Maintenant je sais…

	☺	😐	☹
comprendre des propositions, des conseils, des interdictions. **C2** ▸ ***Comprendre les points essentiels d'un message oral.***			
parler de mes goûts et de mes loisirs. **C2** ▸ ***Reproduire un modèle oral.***			
faire des propositions, formuler et comprendre des conseils et des refus. **C2** ▸ ***Demander et donner des informations.***			
comprendre des goûts, des souhaits ou des refus. **C2** ▸ ***Savoir repérer des informations dans un texte.***			
exprimer des souhaits dans un court message *Facebook*. **C2** ▸ ***Écrire un message simple.***			

Maintenant je connais…

	☺	😐	☹
des lieux de loisir à Madrid. la *Ciudad de las Artes y las Ciencias* à Valence. **C5** ▸ ***Situer des œuvres artistiques, des ensembles géographiques.***			

Unidad 5 Dime lo que comes

¿Qué van a tomar ustedes? → manuel p. 82

1 Antes de escuchar

1 Retrouve le nom de ces aliments.

el queso — el jamón — el pescado — el pan — el arroz — la carne — las verduras

2 Compose trois menus à partir de ces plats (*primero, segundo y postre*) : ***tortilla española, flan de huevo, chuletas, pescado a la plancha, fruta de temporada, croquetas de jamón, pollo con patatas fritas, ensalada mixta, crema catalana.***

Menú 1	Menú 2	Menú 3
....	....	....
....	....	....
....	....	....
....	....	....
....	....	....
....	....	....

2 Escucha

élève DVD-Rom

→ Compréhension orale, *manuel p. 82*

Primera escucha

Hablan:
- ❏ tres amigos
- ❏ el camarero y dos clientes
- ❏ un profesor y dos alumnos

Segunda escucha

Los personajes:
- ❏ se conocen
- ❏ no se concocen
- ❏ sólo dos se conocen

Tercera escucha

Piden:
- ❏ espinacas
- ❏ cordero
- ❏ jamón
- ❏ merluza
- ❏ crema catalana
- ❏ lasaña

3 Lengua

Réecris ces phrases en utilisant la forme de politesse *usted* ou *ustedes*.

a. ¿Qué pides de primero? ....

b. De segundo vas a comer carne. ....

c. Y tú, ¿qué quieres para beber? ....

d. ¿Vais a tomar postre? ....

¡Menú para todos!

→ manuel p. 83

1 Antes de conversar

Classe les aliments ci-dessous suivant leur nature : *espárragos / pollo / gambas / flan / espinacas / merluza / chuletas / bistec / pasteles / helado / lechuga / sardinas / tomate / tarta / endivias / salmón / filete.*

verdura	carne	pescado y marisco	dulce
....	....	....	....
....	....	....	....
....	....	....	....
....	....	....	....

2 Lengua

1 Compare ces deux plats.

a. *La lasaña tiene más* ....

b. ....

c. ....

d. ....

e. ....

	Lasaña (de carne)	Paella (de mariscos)
Calorías	139 kcal.	124 kcal.
Grasa	7,90 g.	0,62 g.
Sodio (sal)	181 mg.	181 mg.
Azúcares	2,50 g.	0,70 g.
Proteínas	6,30 g.	3,55 g.

2 Dis lequel des deux plats tu préfères en utilisant un comparatif.

....

....

3 Mensaje secreto

Découvre les goûts d'Isabel et déduis-en le menu qu'elle va choisir : *gastronómico* ou *vegetariano*.

A	B	C	D	E	F	G	H	I	J	K	L	M	N	O	P	Q	R	S	T	U	V	Y

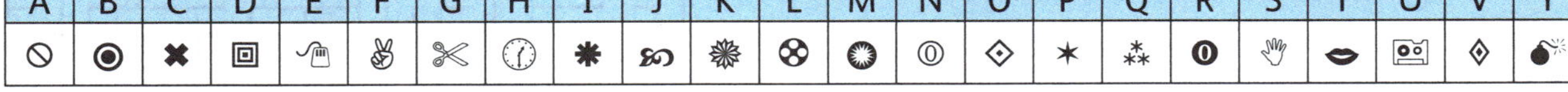

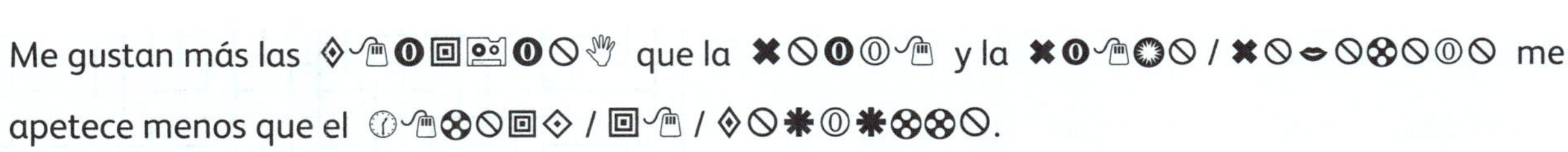

Me gustan más las .... que la .... y la .... me apetece menos que el ....

Isabel va a eligir el menú ....

Me duele el estómago

→ manuel p. 84

1 Antes de conversar

1 Retrouve le nom de ces parties du corps et place-les.

a. Cuando los tengo cansados, veo muy mal.

b. Me duele cuando estoy resfriado.

c. Cuando me duele, no puedo llevar la mochila.

2 Remets dans l'ordre le nom de ces parties du corps et place-les.

a. EL ZABRO

b. LA NIERPA

c. EL EPI

d. EL DOOC

e. LA BAOC

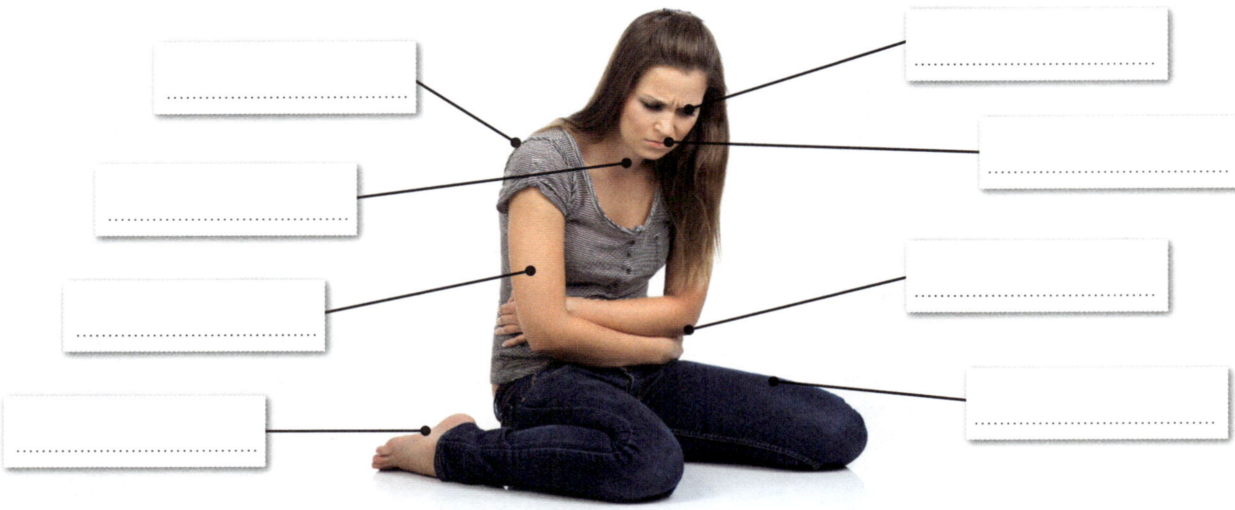

2 Lengua

1 Conjugue le verbe *doler* au présent.

a. – A mí (doler) .... las piernas.

b. – A Pablo (doler) .... la cabeza.

c. – A nosotros (doler) .... la garganta.

d. – A ti (doler) .... los pies.

2 Toutes ces personnes sont malades. Que faut-il faire ?

llevarlas | médico | hay que | al

....

....

3 El laberinto

Trouve la sortie et avec les syllabes rencontrées en chemin reconstitue la phrase cachée.

....

....

Necesito comer frutas

→ manuel p. 85

1 Antes de expresarte

Classe ces mots dans la colonne qui convient.

fresa | cebolla | calabacín | uvas | tomate | pera | pomelo | espárragos | naranjas | espinacas | puerro

Frutas	Verduras
....	....
....	....
....	....
....	....
....	....

2 Lengua

Transforme tous ces besoins en obligation impersonnelle et complète les phrases suivant le sens.

Necesito sol. → Es necesario tener sol para sentirse bien.

a. Necesito aire. → .... para respirar bien.

b. Necesito agua. → .... para ....

c. Necesito sabor. → .... para ....

d. Necesito alegría. → .... para ....

e. Necesito calidad. → .... para ....

3 Imagina

→ *manuel p. 85, 2. d*

Completa la lista con lo que necesitas para sentirte bien.

- *Necesito sol y aire.*
- ....
- ....
- ....
- ....
- ....

4 Frutijuego

Retrouve le nom de ces fruits. Tous t'apporteront le mot caché à la verticale.

VAU

MILÓN

ATÁLNOP

ANNAZAM

AMOTTE

IENUTASAC

JARANAN

ZAREECS

DANÍAS

Mot caché :

¡Come sano!

→ manuel p. 86

1 Escucha

Piste 9 MP3 spécial cahier

1 Écoute ces conseils et coche les noms des aliments cités.

❑ pan	❑ aceite	❑ arroz
❑ pescado	❑ cereales	❑ frutas
❑ leche	❑ verduras	❑ queso
❑ caramelos	❑ frutos secos	❑ lácteos
❑ yogures	❑ patatas	❑ dulces
❑ embutidos	❑ huevos	❑ carne

2 Réécoute l'enregistrement et classe les aliments selon leur fréquence de consommation.

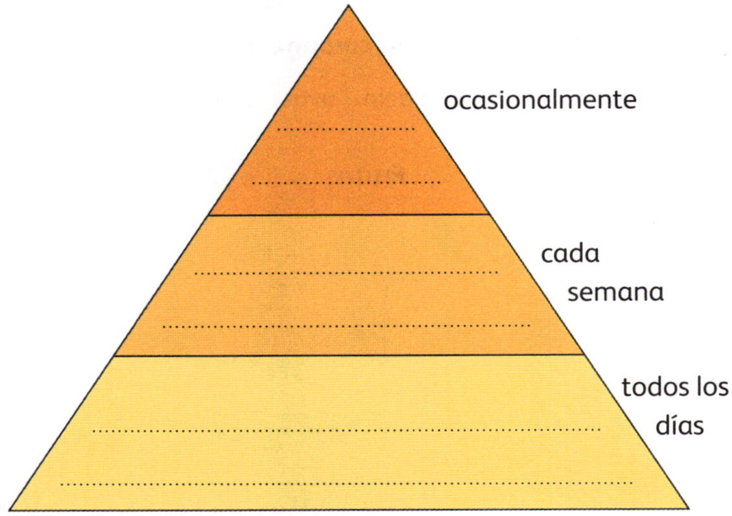

2 Lengua

Transforme ces phrases en conseils adressés à une (1.) ou à plusieurs personnes (2.). Utilise l'impératif.

a. (beber) leche cada día. 1. .... 2. ....

b. (consumir) pocos dulces. 1. .... 2. ....

c. (tomar) cereales cada día. 1. .... 2. ....

d. (comer) mucha fruta. 1. .... 2. ....

3 Encuesta

Décris tes habitudes alimentaires en répondant aux questions de cette enquête. Regarde le résultat pour savoir si tu dois changer ou non tes habitudes.

¿Con qué frecuencia...	cada día	cada semana	ocasionalmente
comes frutas y verduras?	A	B	C
comes hamburguesas?	C	B	A
comes dulces?	C	B	A
comes embutidos?	C	B	A
comes pescado y mariscos?	B	A	C
bebes agua?	A	B	C
consumes productos lácteos?	A	B	C
comes frutos secos?	C	A	B

Resultado

A. Comes sano.
B. Puedes mejorar.
C. Cambia tus costumbres.

¡Ponte a cocinar!

→ manuel p. 87

1 Antes de escribir

1 Relie ces ustensiles de cuisine à leur fonction.

para escurrir

para freír

para cortar

para mezclar

para machacar

2 Que faire avec ces ingrédients ? Utilise les verbes de l'exercice précédent à l'impératif.

Escurre la lechuga.

a. .... el atún con los huevos.

b. .... la carne.

c. .... el tomate.

d. .... el ajo y el perejil.

2 Escribe una receta

→ *manuel p. 87, 2. d-f*

Tú también tienes una receta original de hamburguesa. Preséntala a tus compañeros.

....

Ingredientes

Para 4 personas

- ....
- ....
- ....
- ....
- ....
- ....
- ....

Preparación

Sigue las instrucciones:

1. ....
2. ....
3. ....
4. ....
5. ....

3 Lengua

Donne des conseils à ton petit frère pour bien utiliser les couverts et la vaisselle à table : ***tenedor, cuchara, vaso, cuchillo, plato.***

a. ¡(tener) .... cuidado con el ....!

b. ¡(utiliza) .... el .... con la mano izquierda!

c. ¡(poner) .... el .... en el centro!

d. ¡(ser) .... prudente con el ....!

e. ¡(usar) .... la .... para la sopa!

Banco de ejercicios

Manuel Numérique Exercices interactifs — élève DVD-Rom

→ Retrouve ces exercices sur le site www.nathan.fr/juntoscollege, ils sont interactifs et autocorrectifs.

¿Cómo se pronuncia?

1 Escucha las palabras. ¿Contienen el sonido [r] de "primero" o [rr] de "espárragos"?

2 Escucha la frase y di si el verbo está en imperativo.

Lengua

3 Elige el comparativo que conviene.

a. La hamburguesa tiene (*más / menos / tan*) grasa (*que / como*) la verdura. **b.** Ana y Elena tienen 15 años: Ana es (*más / menos / tan*) joven (*que / como*) Elena. **c.** La pierna es (*más / menos / tan*) larga (*que / como*) el brazo. **d.** Para estar sano hay que comer (*más / menos / tan*) pasteles (*que / como*) frutas. **e.** La fruta tiene (*más / menos / tan*) azúcar (*que / como*) la Nocilla. **f.** Para mí es igual: la gripe es (*más / menos / tan*) desagradable (*que / como*) la indigestión.

4 Conjuga "pedir" en presente y en la persona que conviene.

a. Su madre le .... que se lave las manos.

b. Alejandro y yo te .... que no entres en la cocina.

c. Lo que .... vosotros no os lo podemos dar.

d. Yo les .... a los Reyes Magos una batidora para preparar zumos.

e. Siempre .... lo que no puedes tener.

f. Manolo y Julia .... dinero para ir al restaurante.

Léxico

5 Coloca las partes del cuerpo en su sitio.

- ☐ el brazo ☐ el codo
- ☐ la cara ☐ el pie
- ☐ la mano ☐ la espalda
- ☐ la barriga ☐ la cabeza
- ☐ la pierna ☐ la rodilla

6 Coloca los alimentos en la columna adecuada.

la berenjena – el melón – la paella – el cordero – la lasaña – el tomate – la ternera – el salmón – la hamburguesa – la merluza – la lechuga – la tortilla – el gazpacho – la uva – la sardina

frutas y verduras	carnes y pescados	platos preparados
....	....	....

Mon bilan de compétences A1+

Maintenant je sais...	☺	~	☹
comprendre une commande au restaurant. C2 ▸ ***Comprendre les points essentiels d'un message oral.***			
exprimer un besoin et une obligation. C2 ▸ ***Reproduire un modèle oral.***			
comparer des menus et donner des conseils alimentaires. C2 ▸ ***Demander et donner des informations.***			
comprendre un état de santé. C2 ▸ ***Savoir repérer des informations dans un texte.***			
rédiger une recette de cuisine. C2 ▸ ***Écrire un message simple.***			

Maintenant je connais...	☺	~	☹
des aliments venus d'Amérique latine et utilisés en Espagne. la peintre mexicaine Frida Kahlo. C5 ▸ ***Avoir des connaissances et des repères culturels et artistiques.***			

Unidad 6

Vamos de tiendas

Busco algo barato

→ manuel p. 98

1 Antes de escuchar

1 Numérote correctement les commerces de cette rue.

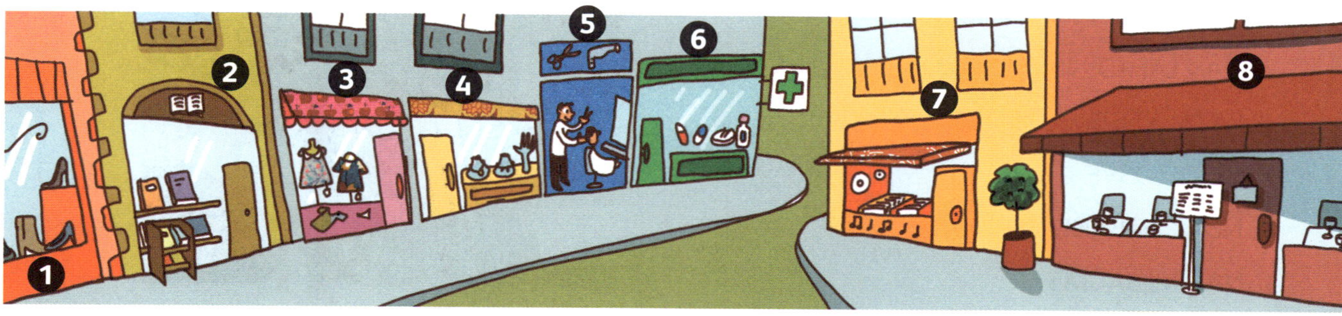

☐ la farmacia ☐ la zapatería ☐ la tienda de discos ☐ la peluquería
☐ la librería ☐ la tienda de moda ☐ la joyería ☐ el restaurante

2 Range les objets et produits suivants dans le magasin qui les vend : *sandalias, pantalones, medicinas, libros, discos, collares.*

Librería	Farmacia	Tienda de moda	Zapatería	Joyería	Tienda de discos
....	....	....	....	....	....

2 Escucha

élève DVD-Rom

→ Compréhension orale, *manuel p. 98*

Primera escucha

Los chicos están en:
- ❏ un supermercado
- ❏ una tienda de moda
- ❏ un centro comercial

Segunda escucha

Los chicos:
- ❏ buscan algo para un amigo
- ❏ comen algo con un amigo
- ❏ esperan algo de un amigo

Tercera escucha

Al final, van:
- ❏ al cine
- ❏ al Corte Inglés
- ❏ a casa

3 Lengua

1 Complète avec l'adjectif ou le superlatif correspondant.

a. cara = ...

b. .... = baratísimas

c. mucho = ...

2 Complète ces phrases avec la forme qui convient: *se vende* ou *se venden*.

a. .... el mejor libro del año.

b. .... unos zapatos muy chulos.

c. .... algo barato.

¡Qué vaqueros más bonitos!

→ manuel p. 99

1 Antes de conversar

1 Place ces vêtements sur le dessin : *un jersey, un abrigo, un bañador, guantes.*

2 Remets les lettres de ces vêtements dans l'ordre et rajoute-les sur le dessin.

a. UAN LAFAD ....

b. PAZALATILS ....

c. NU DITOSVE ....

d. NUA FUABAND ....

e. NAU MESACIAT ....

3 Range ces vêtements selon la saison : *una cazadora, una sudadera, pantalones cortos, un traje de baño, un abrigo, una minifalda, una camiseta, un gorro.*

Verano		Invierno	
....	....	....	....
....	....	....	....

2 Lengua

Complète ce texte avec *este, esta, estos, estas.*

Me gustan mucho .... vaqueros y también me gusta .... camiseta roja. .... jersey es muy bonito, pero nunca me lo pongo. Siempre llevo .... zapatillas que son las de mi hermano. Él prefiere .... zapatos negros.

3 Diálogo loco

Associe les questions du vendeur aux réponses de son client. Attention, il manque une réponse. Donne-la en utilisant un superlatif relatif.

¿Este jersey, qué le parece?	¡Qué camiseta más bonita!
¿Le gusta esta camiseta?	¡Son los más caros de la tienda!
¿Y estos vaqueros? Valen 140 euros.	....
Y esta bufanda, ¿le gusta?	Es el más elegante de todos.

Me gustaría tener personalidad

→ manuel p. 100

1 Escucha

Piste 10 MP3 spécial cahier

1 Écoute ce que dit Marta et complète ce tableau.

A Marta le gustaría…			
tener	estar	llevar	vestir ....

2 Réécoute l'enregistrement et relève les sentiments de Marta.

- ❑ está encantada
- ❑ lo pasa fatal
- ❑ se siente orgullosa
- ❑ se siente ridícula
- ❑ se muere de vergüenza
- ❑ lo pasa super bien
- ❑ está contenta
- ❑ está triste

2 Imagina

→ manuel p. 100, 2. d

El chico decide hablar con su madre porque le gustaría tener el estilo y la ropa de sus amigos. Prepara la lista de lo que le va a decir.

cómo me siento	lo que me gustaría	la ropa que me gustaría vestir
....	....	....
....	....	....
....	....	....
....	....	....
....	....	....

3 Lengua

1 Complète avec *me gustaría/ían, te gustaría/ían, le/les gustaría/ían*.

a. A mí .... llevar unas zapatilllas deportivas de color.

b. A ti, ¿.................... estos vaqueros?

c. Este chico sólo viste marcas, no .... vestir ropa barata.

d. A mi madre .... comprar un vestido en una tienda de moda española.

2 Transforme ces phrases en utilisant l'enclise suivant le modèle.

¿Puedes comprar este jersey? → *¿Puedes comprarlo?*

a. Puedes decir a tu madre lo que te gustaría. → ....

b. No quiere prestar sus vestidos a sus amigas. → ....

c. Puedes usar estas zapatillas si quieres. → ....

Descubre tu estilo

→ manuel p. 101

1 Antes de expresarte

1 Vrai ou faux ? Corrige si c'est faux.

a. El estilo moderno: la persona no viste a la moda. ❑ V ❑ F ....

b. El estilo deportivo: la persona viste ropa clásica. ❑ V ❑ F ....

c. El estilo formal: la persona lleva suéteres. ❑ V ❑ F ....

2 Relie chaque style à sa définition.

a. estilo bohemio

b. estilo skater

c. estilo rockero

1. pantalones anchos, gorras y sudaderas llamativas y de marca.
2. vestidos blancos, flores en el pelo y complementos étnicos.
3. bolsos de cuero, faldas cortas con detalles brillantes, cazadoras y botas de cuero.

2 Lengua

Choisis la préposition qui convient : *por* ou *para*.

a. Quiero llevar una falda elegante .... ir a la fiesta de Ana.

b. .... mí, el estilo moderno es el más bonito.

c. Muchas gracias .... responder al test.

d. ¿.................... qué no te gustan los vaqueros?

3 Crucigrama

Retrouve dans cette grille des vêtements et des accessoires de mode.

1. En invierno protege la boca y el cuello
2. Es de mangas largas
3. Es de mangas cortas
4. En invierno protege la cabeza
5. Son deportivas
6. Es también un suéter
7. Protegen los ojos del sol
8. Pantalón de tela azul o negra

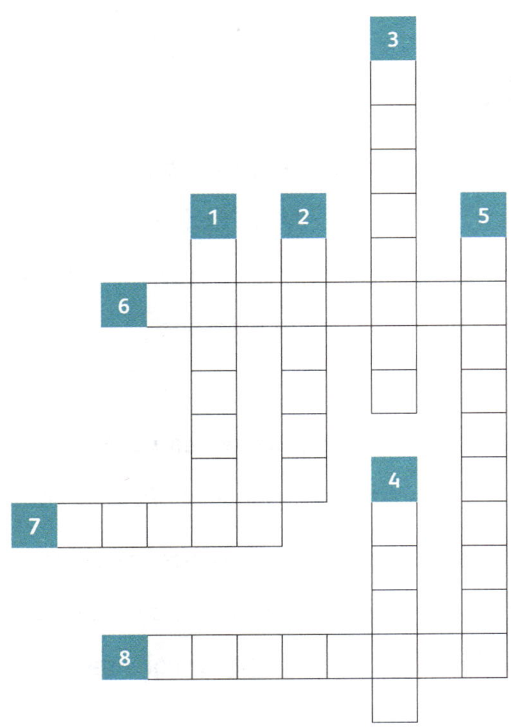

Llevan ropa tradicional

→ manuel p. 102

1 Escucha

Piste 11 MP3 spécial cahier

1 Écoute ce récit et note sur le dessin tous les objets que cette jeune fille a ramenés d'Otavalo.

2 Écoute de nouveau l'enregistrement et coche tous les participes passés que tu entends.

❏ ido	❏ distraído	❏ comprado	❏ recogido	❏ comido
❏ preparado	❏ llegado	❏ vestido	❏ dorada	❏ pintada
❏ encantado	❏ traído	❏ bordada	❏ bordado	❏ enfadado

2 Lengua

Conjugue les verbes au passé composé.

a. (yo, ir) .... al mercado.

b. (ellas, vestir) .... faldas negras.

c. (tú, comprar) .... un sombrero.

d. (nosotros, llegar) .... a Otavalo.

e. Hoy (ser) .... un día estupendo.

f. (él, comer) .... comida tradicional.

3 Sopa de letras

Retrouve 8 participes passés dans la grille. Note-les et indique leur infinitif.

Q	G	T	B	R	K	V	F	G	Z
C	Q	Q	V	E	S	T	I	D	O
O	O	J	B	O	R	D	A	D	A
M	D	Q	O	D	A	M	A	L	L
P	O	I	H	T	B	N	T	P	P
R	J	N	G	Q	R	O	M	L	E
A	J	I	V	O	M	K	J	W	J
D	D	J	D	Q	C	T	X	P	U
O	D	A	R	A	P	E	R	P	E
C	P	B	U	N	Z	F	R	I	U

1. ido (ir)
2. ....
3. ....
4. ....
5. ....
6. ....
7. ....
8. ....

Lo he encontrado

→ manuel p. 103

1 Antes de escribir

1 Diego a ramené des souvenirs de son voyage à Buenos Aires. Barre les intrus de cette liste.

postales | artesanía | limones | zanahorias | DVDs | libros | tenedores | zapatillas | camisetas | un castillo | un helado

2 Diego a écrit un mail à son cousin depuis Buenos Aires mais la connexion n'était pas très bonne et certains mots ont sauté. Complète ce mail avec : ***he comprado, has hecho, han sido, he ido, he traído, hemos encontrado, he visto.***

Haz de Y! tu página de inicio
YAHOO! ESPAÑA
Web Imágenes Vídeo Noticias Compras Más
http://es.yahoo/foros/despues_del_cole.html
Buscar
INICIO 7 de diciembre de 2012 | YAHOO! France | Yahoo.com | INICIAR SESIÓN ¿Eres nuevo aquí? Regístrate | CORREO Revisar correo

Hola Miguel,
………………………… a Buenos Aires con mi clase.
………………………… los mejores días de mi vida.
………………………… la tienda oficial del Boca Juniors. ¡Qué pasada! Me ………………………… un póster y una camiseta.
Para ti, ………………………… un par de postales de tus jugadores favoritos y te las ………………………… . Estoy impaciente por verte. Y tú, ¿qué ………………………… en el pueblo?
Un abrazo,
Diego

2 Lengua

Conjugue les verbes au passé composé.

a. (yo, ponerse) ………………………… las zapatillas verdes.

b. ¿Qué (vosotros, hacer) ………………………… en Buenos Aires?

c. Nosotros (ver) ………………………… muchas tiendas en la calle Florida.

d. ¿(Escribir, tú) ………………………… una postal a sus amigos?

3 Preguntas perdidas

Retrouve les questions de cette conversation.

¿…………………………………………?
Sí, he visto la tienda oficial del equipo.

¿…………………………………………?
Hemos comprado la camiseta del equipo.

¿…………………………………………?
Yo no, pero mi padre se ha puesto la camiseta.

¿…………………………………………?
Hemos hecho muchas otras cosas.

¿…………………………………………?
Sí, me ha gustado un montón.

Banco de ejercicios

Manuel Numérique – Exercices interactifs | élève DVD-Rom

→ Retrouve ces exercices sur le site www.nathan.fr/juntoscollege, ils sont interactifs et autocorrectifs.

¿Cómo se pronuncia?

1 Escucha las palabras y di si contienen el sonido [ʃ] de "chándal" o no.

2 Escucha las frases y di si oyes superlativos o no.

Lengua

3 Conjuga los verbos en pretérito perfecto.

a. Felipe se (cambiar) .... la camisa. **b.** Nosotros, no (decir) .... dónde está tu collar. **c.** Eres mi amiga por eso te (dar) .... mi pulsera. **d.** Mis padres (poner) .... toda mi ropa en el armario. **e.** ¡Niños! ¿(coger) .... la bufanda de vuestro padre? **f.** Los alumnos (salir) .... con ropa tradicional para el desfile. **g.** Yo no (volver) .... a esta tienda desde hace un mes.

4 Elige la preposición que conviene.

a. Me pongo joyas (*por* / *para*) ir de fiesta.
b. Me visto clásico (*por* / *para*) mi madre que es muy estricta.
c. Llevo una bufanda (*por* / *para*) el frío que hace.
d. Hay que vestirse moderno (*por* / *para*) tener un estilo joven.
e. Me preparo (*por* / *para*) salir con mis amigos.
f. Adivino que la señora es de Ecuador (*por* / *para*) su ropa bordada.

Léxico

5 Elige la palabra que corresponde a la definición.

Son mis pantalones azules. •	• cascos
Me los pongo para escuchar música. •	• gafas de sol
Tengo una del Barça con el número siete. •	• vaqueros
Protegen mis ojos. •	• gorra
Son necesarias para jugar al tenis. •	• camiseta
Me la pongo en la cabeza. •	• zapatillas de deporte

6 Asocia cada palabra con su contrario.

comprar •	• negro
caro •	• volver
guapo •	• vender
discreto •	• oscuro
ancho •	• llamativo
claro •	• barato
blanco •	• feo
ir •	• estrecho

Mon bilan de compétences A1+

Maintenant je sais…

comprendre une discussion sur des achats. C2 ▸ ***Comprendre les points essentiels d'une conversation.***			
décrire des styles vestimentaires. C2 ▸ ***Décrire, raconter, expliquer.***			
parler de vêtements et de prix. C2 ▸ ***Dialoguer sur des sujets familiers.***			
comprendre un souhait et le récit d'évènements récents. C2 ▸ ***Comprendre le sens général de documents écrits.***			
raconter des évènements récents dans un mail. C2 ▸ ***Rendre compte de faits.***			

Maintenant je connais…

les marques espagnoles et leurs ambassadeurs. l'architecte Antoni Gaudí. C5 ▸ ***Découvrir la diversité des sociétés.***			

Cuentos y leyendas de América

Los antiguos mayas

→ manuel p. 114

1 Escucha

Piste 12 · MP3 spécial cahier

1 Écoute José parler de ses ancêtres et réponds à ces questions.

a. Los antepasados de José eran:
❑ mayas ❑ aztecas ❑ incas

b. Vivían en: ❑ América del Norte
❑ América del Sur ❑ América Central

2 Réécoute l'enregistrement et complète ce tableau.

Los mayas
adoraban a ....
tenían conocimientos en ....
vivían en lugares como ....

2 Antes de expresarte

Trouve les mots-clés de la civilisation maya correspondant à chaque définition et place-les dans la pyramide.

a. Es la estrella más importante del sistema.

b. Antigua civilización de Centroamérica.

c. Es nuestro planeta y el suelo donde crecen las plantas.

d. Es la ciencia del sistema solar.

e. Es la ciencia de la numeración.

f. Es parte del continente americano.

3 Lengua

Cherche dix verbes à l'imparfait dans ce calendrier maya. Relève-les puis donne l'infinitif et la personne.

1. teníamos (tener, nosotros)
2. ....
3. ....
4. ....
5. ....
6. ....
7. ....
8. ....
9. ....
10. ....

Quetzalcóatl, el dios de la vida

→ manuel p. 115

1 Antes de escuchar

Associe ces mots au dessin correspondant : ***la tierra, la serpiente, la pluma, el altar, el templo, el maíz, el oro.***

a. .... b. .... c. .... d. .... e. .... f. .... g. ....

2 Escucha

élève
DVD-Rom

→ **Compréhension orale,** *manuel p. 115*

Primera escucha

Se trata de:
❏ Tláloc
❏ Quetzalcóatl

Era un dios:
❏ malo ❏ bueno

Segunda escucha

Su nombre significaba la serpiente...:
❏ maligna ❏ mágica
❏ emplumada ❏ humana

Los hombres cultivaban:
❏ el trigo ❏ el maíz

Tercera escucha

En honor a su dios, los hombres levantaron .... y .... cubiertos de ....

3 Lengua

Complète avec les indéfinis *nada / nadie* ou *no... nada / nadie*.

a. Los hombres .... sabían .... del arte de la guerra.

b. .... malo decían los hombres de su dios.

c. Antes de leer el libro, (yo) .... conocía .... sobre Quetzalcóatl.

d. .... lo sabe todo de los dioses aztecas.

4 Juega con los dioses aztecas

Regarde les attributs de ces dieux et associe-les à leur définition.

a. Chicomecoátl b. Huitziopochtli c. Xochiquetzal d. Tláloc

1. el dios de la guerra y del sol.
2. la diosa del maíz, llevaba una falda de 7 serpientes.
3. el dios de la lluvia y de la tierra.
4. la diosa de la belleza, del amor, de la felicidad y de las tareas domésticas.

Una fiesta inca → manuel p. 116

1 Antes de expresarte

Álex, qui vient d'arriver en Équateur, a trouvé ce prospectus mais il est très abîmé. Complète-le avec les mots : *solsticio, fiesta, andinos, inca, Inti (el sol), vida.*

INTI RAYMI
Fiesta del sol
21 de Junio

Fiesta del Inti Raymi

Ven a asisitir a la .... más importante de los países .... Antigua fiesta religiosa .... en honor al ...., se celebra el día del cambio de estación, día del .... Juntos iniciaremos un nuevo ciclo de .... lleno de fuerza.

¡Te esperamos!

2 Lengua

1 Sépare les mots de ce texte mystérieux et réécris-le avec les points et les virgules. Souligne ensuite les verbes au passé simple et donne leur infinitif.

Lagentecelebrólafiestalasmujeressebañaronenlascascadasloshombreshicieronritualesdeagradeci-mientoalsolmeparecióunafiestaextraodinaria.

....

....

Infinitifs : ....

2 Note sous chaque verbe la personne à laquelle il est conjugué.

llevó ....
contaron ....
pensé ....
limpiasteis ....
purificaron ....
celebramos ....
pareciste ....

3 Mensaje de los incas

Une signature se cache dans les pierres de Cuzco. Résous l'énigme en suivant les étapes :

a. Conjugue le verbe de chaque pierre au passé simple.

1. .... **4.** ....

2. .... **5.** ....

3. ....

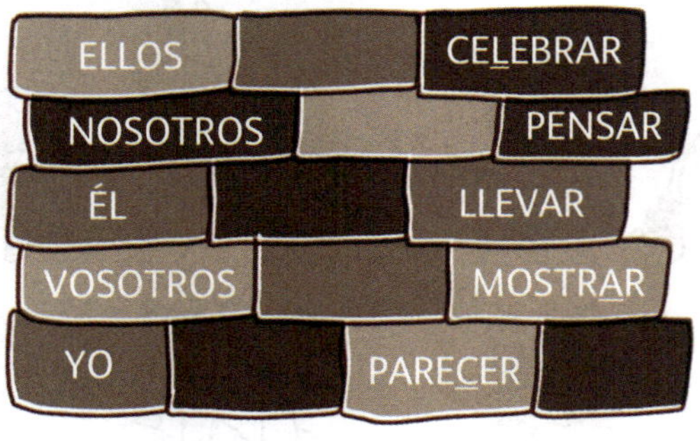

b. Prends la dernière lettre de chaque verbe conjugué, associe-les aux lettres soulignées et remets-les dans l'ordre pour découvrir qui a signé ces hiéroglyphes : ....

Un viaje a México

→ manuel p. 117

1 Antes de conversar

1 Dans la grille, retrouve ces noms de lieux mexicains : ***Teotihuacán, México, Zócalo, Coyoacán, Xochimilco.***
Puis découvre qui s'y cache aussi.

T	P	A	J	H	K	L	R	V	V	T	Q
F	Y	E	M	F	U	O	W	S	E	P	O
O	C	L	I	M	I	H	C	O	X	A	V
Q	N	D	K	V	P	T	T	E	V	X	K
N	U	I	J	A	F	I	Z	L	I	P	A
C	Á	Q	F	A	H	L	H	L	Z	U	H
K	Z	C	L	U	H	L	Z	J	E	N	L
Y	O	L	A	C	Ó	Z	O	O	M	F	O
W	A	C	O	O	A	X	C	V	W	N	W
X	Á	X	Z	E	Y	N	Y	R	F	F	H
N	M	É	X	I	C	O	G	R	O	P	W
Q	I	I	Q	J	I	F	C	M	Q	H	G

Personnalité cachée : ....

Qui était-ce ? ....

2 Vrai ou faux ? Corrige si c'est faux.

a. El Zócalo es una catedral. ❑ V ❑ F ....

b. La casa de Frida Kahlo está en Xochimilco. ❑ V ❑ F ....

c. Ana visitó un museo de antropología. ❑ V ❑ F ....

2 Conversa

→ *manuel p. 117, 2. e*

Tú también hiciste el viaje a México. Le cuentas a un(a) amigo(a) lo que hiciste por la tarde del primer día. Imagina el diálogo.

Tu amigo(a)	Tú
¿No pudiste ver ....?	Sí, los vimos por la tarde.
¿Y dónde ....?	Estuvimos ....
¿Te gustó ....?	Sí, ...
¿Y qué más..?	....

3 Lengua

Conjugue les verbes au passé simple.

a. (nosotros, ir) .... juntos de viaje a México.

b. (tú, ver) .... templos y (subir) .... a las pirámides.

c. (nosotros, estar) .... en Teotihuacán e (hacer) .... muchas fotos.

d. (ser) .... un viaje fantástico. (yo, aprender) .... mucho.

Los siete chivitos

→ manuel p. 118

1 Antes de expresarte

1 Remets dans l'ordre cette histoire.

a. La chica vino a visitar a su abuela.

b. El lobo llamó a la puerta.

c. Se dio cuenta de que era el lobo y lo amenazó.

d. Se comió a la abuela y se puso su ropa.

Orden correcto: ....

2 À quel conte ressemble cette histoire ? ❑ Caperucita Roja ❑ Los tres cerditos ❑ El cuervo y el zorro

2 Lengua

1 Mets les verbes au passé simple.

a. Mamá chivita se (ir) .... de compras y (decir) .... "¡No abráis la puerta!"

b. El coyote (traer) .... comida y (saltar) .... sobre los chivitos.

c. Al volver, la mamá (ver) .... la puerta abierta.

2 Relis les deux colonnes pour obtenir des phrases au passé. N'oublie pas de conjuguer.

a. Al escuchar al coyote, •   • (yo, tener) .... miedo.

b. Al leer el cuento, •   • la mamá chivita no (ver) .... al coyote.

c. Al ver la puerta abierta, •   • los chivitos (decir) .... "¡Entra, mamá!"

d. Al salir de casa, •   • la madre (ponerse) .... nerviosa.

3 Crucigrama

Trouve les mots correspondant à ces définitions et place-les dans la grille. Puis trouve le mot caché dans les cases vertes.

1. Lo que nos cuenta el narrador.
2. Una historia imaginaria.
3. Los personajes de la historia.
4. El personaje principal de la historia.
5. Cuando empieza la historia.
6. Cuando se termina la historia.

Mot caché : El ....

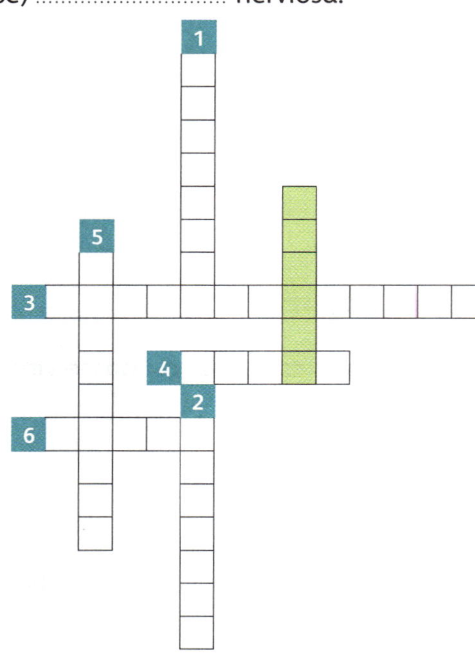

Antes vivían dos tribus

→ manuel p. 119

1 Antes de expresarte

1 Tu as trouvé des morceaux de papier déchirés. Remets-les dans l'ordre pour découvrir la légende qui s'y cache.

a. *Los jóvenes se pusieron a pescar y tuvieron comida para mucho tiempo.*

b. *Hace muchos años hubo una terrible sequía en la tierra. Entonces algunos jóvenes decidieron ir a ver al creador de la lluvia.*

c. *Luego, el creador de la lluvia transformó la tierra seca en un hermoso lago.*

d. *Los jóvenes así lo hicieron. Hablaron con el creador de la lluvia y empezó a llover durante varios días. Por fin había terminado la sequía.*

1. .... 2. .... 3. .... 4. ....

2 À partir de cette légende, renseigne ce tableau et imagine un titre.

Título	Personajes	Lugar	Época
....	....	....	....

Historia
Principio: ....
Intriga: ....
Final: ....

2 Lengua

Imparfait ou passé simple ? Choisis le temps qui convient.

a. Cuando (yo, ser) .... pequeño, mi madre me (leer) .... cuentos.

b. El joven (estar) .... enamorado de la doncella pero su padre (ponerse) .... furioso cuando (enterarse) ....

c. Los dos enamorados (irse) .... a otro país donde no (estar) .... sus familias.

d. Me (encantar) .... aquella historia porque siempre me (gustar) .... los cuentos.

Banco de ejercicios

Manuel Numérique Exercices interactifs — élève DVD-Rom

→ Retrouve ces exercices sur le site www.nathan.fr/juntoscollege, ils sont interactifs et autocorrectifs.

¿Cómo se pronuncia?

1 Escucha las palabras y di si se escriben con "b" o con "v".

2 Escucha las frases y di si el verbo está en imperfecto o pretérito indefinido.

Lengua

3 Conjuga los verbos en imperfecto.

a. Todos los que iban a Perú (visitar) .... Machu Picchu.

b. Manolo y yo (ver) .... chivitos en el campo.

c. De pequeño, yo (ser) .... un apasionado de la historia de América.

d. El sol (salir) .... cuando el Inca lo llamaba.

e. Para la fiesta os (poner) .... plumas.

f. Cuando (ir) .... al templo siempre mirabas el altar.

4 Conjuga los verbos en pretérito indefinido.

a. El escultor (representar) .... animales en el templo.

b. Pilar y yo (ver) .... una pirámide en Teotihuacán.

c. Yo siempre (ser) .... un aficionado a las leyendas.

d. Para la fiesta os (poner) .... diademas de oro.

e. Cuando (ir) .... a Puerto Rico no quisiste visitar los museos.

f. Los indios (huir) .... cuando (llegar) .... los conquistadores.

Léxico

5 Asocia las palabras con su definición.

a. Soy un ave muy grande que vuela por los Andes. •	• el pájaro
b. Soy un animal que da leche. •	• la vaca
c. Soy muy ágil y vivo en los árboles. •	• la serpiente
d. Soy un reptil y me arrastro por el suelo. •	• el cóndor
e. Soy una pequeña bola de plumas. •	• el lobo
f. Soy un mamífero parecido al perro, pero más feroz. •	• el mono

6 Coloca las palabras en la columna adecuada.

mayas – pirámide – capitán – maíz – Hernán Cortés – carabelas – Machu Picchu – marineros – Cristóbal Colón – Moctezuma – aztecas – conquistador

mundo precolombino	descubrimiento y conquista
....	....

Mon bilan de compétences A1+

Maintenant je sais...

	😊	😐	☹
comprendre la description d'un dieu de légende. **C2** ▸ ***Comprendre les points essentiels d'un récit.***			
parler d'une civilisation ancienne. **C2** ▸ ***Décrire, raconter, expliquer.***			
raconter un voyage dans un pays et en parler avec quelqu'un. **C2** ▸ ***Demander et donner des informations.***			
comprendre la description d'une civilisation ancienne. comprendre l'essentiel d'un conte. **C2** ▸ ***Comprendre le sens général de documents écrits.***			
rédiger le début d'une légende. **C2** ▸ ***Écrire un court récit, une description.***			

Maintenant je connais...

	😊	😐	☹
les civilisations précolombiennes. le Machu Picchu, haut lieu de la culture inca. **C5** ▸ ***Découvrir la diversité des civilisations.***			

Unidad 8

Tenemos planes

Cuatro días para acabar el curso → manuel p. 130

1 Escucha

Piste 13 MP3 spécial cahier

1 Écoute ce dialogue et coche les lieux de vacances cités.

❏ el pueblo ❏ Francia ❏ un campamento
❏ el colegio ❏ la playa ❏ la montaña
❏ el campo ❏ la ciudad ❏ País Vasco

2 Réécoute l'enregistrement et note les projets de chacun.

La chica irá ....

El chico irá ....

Pablo ....

2 Antes de expresarte

Associe chaque légende au dessin correspondant. Imagine la légende du dessin restant.

1

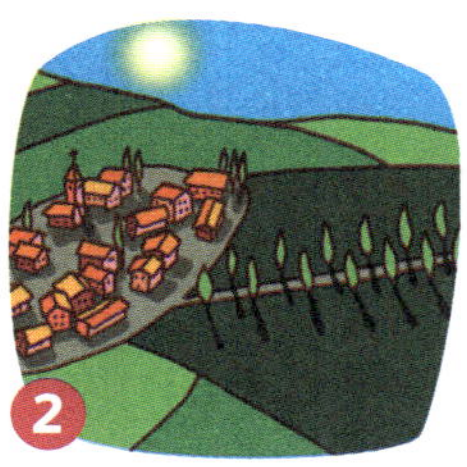
2

3

4

5

a. Ana acampará con sus amigos este verano.

b. Juan y sus hermanas disfrutarán de la playa.

c. Víctor visitará Madrid con sus tíos.

d. Isabel realizará excursiones por la montaña con sus hermanos.

e. Paco ....

....

3 Lengua

1 Conjugue les verbes au futur.

a. Mi amigo Marcos (apuntarse) .... a un campamento de verano.

b. En agosto, (yo, ir) .... con mis primos al pueblo de mis abuelos.

c. Ana y yo (aprender) .... algunas palabras en catalán en Barcelona.

d. (vosotros, descubrir) .... paisajes muy bonitos en Andalucía.

2 Complète le programme des activités de la colonie de vacances.

Actividades en el campo

Los jóvenes (estar) .... acompañados por profesionales que les (llevar) .... a sitios fantásticos de la zona para practicar todo tipo de actividades. (ellos, poder) .... acampar en tiendas de campaña de 4 personas. Cada uno (participar) .... en las actividades que quiera. Por el día (haber) .... juegos acuáticos, escalada y talleres educativos. Por la noche, los jóvenes (observar) .... las estrellas en el cielo.

¿Qué tiempo hará?

→ manuel p. 131

1 Antes de escuchar

Relie chaque dessin au mot correspondant.

soleado | nuboso | lluvioso | de nieve | ventoso | tormentoso

2 Escucha

→ Compréhension orale, *manuel p. 131*

Primera escucha

Hará mal tiempo:
❏ en toda España
❏ sólo en algunas zonas

Segunda escucha

En Galicia el cielo estará:
❏ soleado ❏ nuboso
❏ muy nuboso

Completa: En Baleares y en Canarias ....
....

Tercera escucha

¿Sí o no? Corrige si es falso.

Subirán las temperaturas en el norte. ❏ V ❏ F
....

Soplarán vientos fuertes en Canarias. ❏ V ❏ F
....

3 Lengua

Complète ce bulletin météo en mettant les verbes au futur, puis dessine la météo du jour sur la carte.

Mañana (llover) .... en el norte de la Península. (poder) .... haber algunas lluvias en el centro del país, y (hacer) .... sol en el suroeste. En el resto de la península (salir) .... el sol ocasionalmente. Las temperaturas (oscilar) .... entre 13 y 26 grados y (tener) .... tendencia a bajar. (venir) .... vientos del norte a Canarias.

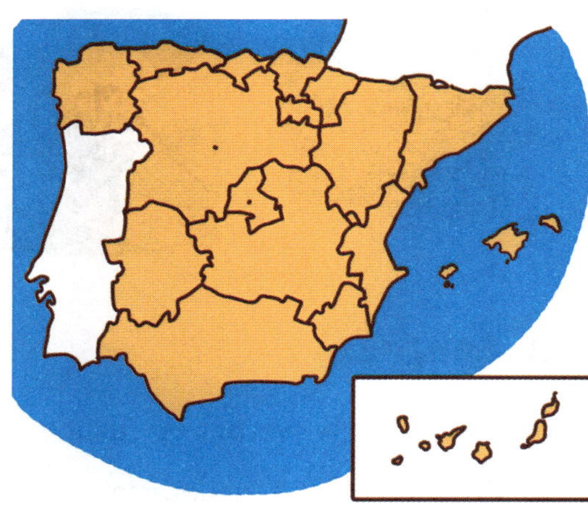

4 Serpiente de palabras

Sépare les mots et rétablis la ponctuation pour trouver un proverbe espagnol sur le temps.

Marzoventosoyabrillluviosohacenamayofloridoyhermoso

....

En el bus turístico

→ manuel p. 132

1 Antes de escuchar

1 Regarde le dépliant et réponds à ces questions.

El cartel anuncia:

❑ una película sobre los monumentos turísticos de Barcelona.
❑ una visita turística de Barcelona en autobús.

2 Note le numéro du monument que chaque photo du dépliant représente.

a. La catedral de la Sagrada Familia: ....

b. El parque Güell: ....

c. La casa Milà: ....

2 Escucha

élève DVD-Rom

→ compréhension orale, *manuel p. 132*

Primera escucha

Hablan:

❑ un chico y su madre
❑ un chico y una empleada de la oficina de turismo

Segunda escucha

El chico quiere ver:

❑ los monumentos de Gaudí
❑ el puerto olímpico

Tendría que tomar la ruta:

❑ verde ❑ roja ❑ azul

Tercera escucha

¿Sí o no? Corrige si es falso.

b. El servicio es de las 8 a las 21. ❑ V ❑ F

....

c. Hay menos gente por la tarde. ❑ V ❑ F

....

3 Conversa

→ *manuel p. 132, 2. f*

Diego no se acuerda de todas las informaciones y llama de nuevo a la oficina. Ayúdale y escribe las preguntas que hace (en condicional) para:

a. saber qué autobús tiene que coger para visitar la Sagrada Familia.

....

b. saber los horarios de los autobuses.

....

c. saber el precio y el lugar de venta de los billetes.

....

4 Lengua

Rédige 2 conseils pour un(e) ami(e) qui veut visiter Barcelone. Utilise les verbes *aconsejar* et *recomendar* au conditionnel.

a. Te .... visitar la Sagrada Familia, ¡Es una maravilla!

b. Te .... salir temprano para disfrutar más de la ciudad.

Si viajas a Andalucía...

→ manuel p. 133

1 Antes de conversar

1 Réponds aux questions.

Si vas a Málaga, ¿qué visitarás?

Si voy a Málaga, ... los monumentos importantes.

Si comes en un restaurante, ¿qué probarás?

Si .... en un restaurante, ... un plato típico.

Si tienes tiempo libre, ¿por dónde te pasearás?

Si .... tiempo libre, ... por las calles y las plazas.

Si sales por la noche ¿a qué espectáculo asistirás?

Si .... por la noche, ... a un espectáculo de flamenco.

2 Relie les expressions contraires.

- ¡Qué divertido! •
- Me encantará •
- Me gustará •
- Será maravilloso •

- • No me gustará
- • Será horrible
- • Me decepcionará
- • ¡Qué aburrido!

2 Lengua

Remets ces bouts de papier dans l'ordre pour former des phrases.

a. Si | la arquitectura | te impresionará | en el palacio | entramos

....

b. en Andalucía | los edificios | Si pasas | te fascinarán | las vacaciones

....

c. palacios y patios preciosos | Si | a viajar | te animas | por Andalucía | descubrirás

....

3 Mensaje truncado

Lionel a un problème avec le clavier de son ordinateur. Complète ces phrases avec les voyelles manquantes pour comprendre son message.

H_la, te inv_to a p_sar las v_cac_ones en m_ cas_, t_ prom_to que n_s div_rtir _m_s m_cho. ¡V_rás qué int_r_s_nte _s And_l_c_a! ¡Aním_t_ a v_nir!

Quizás haga fresquito

→ manuel p. 134

1 Escucha

Piste 14 MP3 spécial cahier

1 Écoute ce dialogue et relève les différentes hypothèses formulées.

a. A lo mejor ....

b. Tal vez ....

c. Puede que ....

d. Quizás ....

2 Réécoute l'enregistrement et coche ce que Daniel emmènera peut-être en vacances.

❏ guantes y calcetines de lana
❏ libros para estudiar
❏ un jersey polar y botas calientes
❏ gafas de sol
❏ revistas para pasar el tiempo
❏ un bañador y raquetas

2 Imagina

→ manuel p. 134, 2. e

Inventa dos hipotésis positivas sobre las vacaciones de Beatriz en Escocia.

Quizás ....
....
....

A lo mejor ....
....
....

3 Lengua

Formule des hypothèses pour aider ces gens à faire leur valise.

a. Quizás Lola (tener) .... calor, entonces (llevar) .... un sombrero.

b. A lo mejor Daniel (tener) .... frío y (ponerse) .... un abrigo.

c. Tal vez Lucas (querer) .... bañarse y (comprarse) .... un bañador.

d. Tal vez Elena (ir) .... a navegar y (necesitar) .... un chubasquero.

e. A lo mejor (hacer) .... mucho sol y Laura (tener) .... que ponerse crema.

4 Puzzle

Retrouve les mots synonymes ou de sens proche.

fresco · disfrutar · un castillo · un idioma · aprender · una lengua extranjera

un palacio · frío · estudiar · navegar · divertirse · hacer vela

....
....
....

....
....
....

Cuando llegues a Benidorm

→ manuel p. 135

1 Antes de escribir

1 Associe chaque dessin à l'activité correspondante.

a. 
b. 
c. 
d. 
e. 
f. 

montar en bicicleta | jugar con raquetas | nadar | dibujar | dormir más | quedar con los amigos

2 Isabel a envoyé une carte postale à son amie Ana, mais elle est arrivée tachée. Aide Ana à la déchiffrer. Utilise : ***maleta, de Madrid, estás, sol, llegaré, bañaremos, vendrás, iremos, vacaciones, estemos.***

Hola Ana,

¿Cómo ....? Tengo muchas ganas de verte. Sólo faltan tres días para las .... Mañana prepararé la .... con el bañador y las gafas de .... Tengo los billetes: el tren sale .... a la una, entonces .... a las tres de la tarde a la estación. ¿............... a buscarme? Cuando .... juntas, ... a la playa y nos .... en el mar. ¡Será genial!

¡Hasta pronto y un abrazo!

Isabel

Ana Quilez
c/ del Mar
03503 Benid...

2 Lengua

Juan a fait un brouillon avec les activités qu'il a envisagé de faire pendant les vacances, mets ses idées au propre.

- *Estar en Benidorm / Disfrutar de la playa*
- *Visitar a mi familia / Charlar con ellos*
- *Tener tiempo / Escribir una postal*
- *Hacer calor / Comer un helado*

a. Cuando (él) ....,
....

b. Cuando (él) ....,
....

c. Cuando (él) ....,
....

d. Cuando (él) ....,
....

Banco de ejercicios

Manuel Numérique – Exercices interactifs – élève DVD-Rom

→ Retrouve ces exercices sur le site www.nathan.fr/juntoscollege, ils sont interactifs et autocorrectifs.

¿Cómo se pronuncia?

1 Escucha las palabras y di si oyes el sonido [ía] de "sabía" o el sonido [ia] de "viaje".

2 Escucha las frases y di si el verbo está en futuro o condicional.

Lengua

3 Conjuga los verbos en presente de subjuntivo o del indicativo según el contexto.

a. Cuando (llegar) .... a Granada, verás Sierra Nevada. **b.** Cuando (ir) .... a la playa, me pongo el bañador. **c.** Cuando nosotros (subir) .... a la Giralda, hará buen tiempo. **d.** Cuando (estar) .... en Sevilla, tendrás mucho calor. **e.** Cuando (soplar) .... el viento, viene la tormenta. **f.** Cuando (hacer) .... frío, me pondré la bufanda.

4 Conjuga los verbos en condicional.

a. Con mucho viento vosotros (poder) .... hacer windsurfing. **b.** No tenemos dinero, si no nos (ir) .... de viaje. **c.** Con esta lluvia yo (evitar) .... salir de mi casa. **d.** Me (gustar) .... visitar la Sagrada Familia. **e.** Con sol, el invierno (ser) .... menos frío. **f.** Me imagino que los niños (salir) .... de casa con un chubasquero.

Léxico

5 Escucha y completa el texto con: *vientos, nieve, nuboso, lluvias, tormentas, sol, nubes* y *claros*.

En el País Vasco, intervalos de .... Las temperaturas serán sensiblemente más bajas en toda la región. En Navarra, Aragón y Cataluña también habrá precipitaciones que podrán ser fuertes localmente y acompañadas de .... En Valencia y en Murcia el cielo .... dominará. En Castilla y León .... que podrán ser moderadas localmente. .... en la Rioja. En Andalucía, cielo despejado y .... durante todo el día. Moderado descenso de las temperaturas también y .... de poniente moderados con intervalos fuertes en el estrecho.

6 Asocia cada actividad o monumento con la ciudad adecuada.

Barcelona •	• playa
Benidorm •	• Giralda
Granada •	• Alhambra
Córdoba •	• esquí
Tarifa •	• Sagrada Familia
Sierra Nevada •	• windsurf
Sevilla •	• Mezquita

Mon bilan de compétences A1+

Maintenant je sais…

		🙂	😐	🙁
	comprendre un bulletin météo et des recommandations touristiques. C2 ▶ ***Comprendre les points essentiels d'un message oral.***			
	raconter mes projets de vacances et émettre des hypothèses. C2 ▶ ***Décrire, raconter, expliquer.***			
	demander et donner des informations sur le temps et sur des itinéraires touristiques. C2 ▶ ***Demander et donner des informations.***			
	comprendre des projets de vacances. C2 ▶ ***Savoir repérer des informations dans un texte.***			
	formuler des projets de vacances dans une carte postale. C2 ▶ ***Écrire un message simple.***			

Maintenant je connais…

	🙂	😐	🙁
les activités sportives que l'on peut pratiquer en Espagne. la mosquée de Cordoue. C5 ▶ ***Situer des œuvres artistiques dans le temps et l'espace.***			

Fiestas

El Día de los Muertos

→ manuel p. 145

1 ¿Quién soy?

Associe chaque dessin au mot qu'il représente : ***un santo, un altar, flores, una tumba, una calavera, un esqueleto.***

1. ....

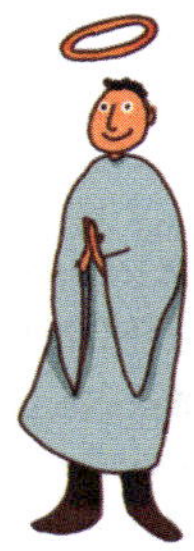

2. ....

3. ....

4. ....

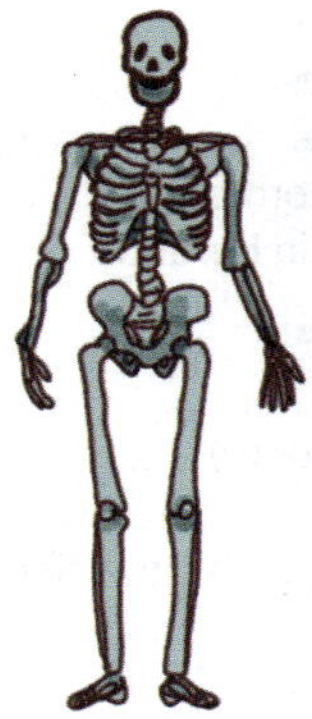

5. ....

6. ....

2 Escucha

busca en YouTube → *La canción de los esqueletos*, Babelzone

Écoute la chanson et complète le tableau avec les activités des squelettes à chaque heure.

Cuando el reloj marca…	
La una	Un esqueleto ....
....	Dos esqueletos ....
....	.... esqueletos ....
....	....
....	....
....	....
....	....
....	....
....	....
....	....
....	....
....	....

Navidades

→ manuel p. 146-147

1 Mensajes secretos

1 Mets les cadeaux dans l'ordre pour lire le message.

Mensaje: ....

....

2 Découvre qui se cache dans le sapin de Noël.

Personajes escondidos:

Los ....

2 Juego de las 5 diferencias

Cherche les cinq différences entre ces deux scènes.

Las Fallas de Valencia

→ manuel p. 148

3 Tacha y completa

1 Barre les intrus de cette liste de mots des fêtes de *Las Fallas*.

un traje | el pueblo | el zumo | una caricatura | Las Fallas | fuegos artificiales | la Cremà | un desfile | la Virgen | un petardo | el colegio | el coche

Fiestas

2 **Complète le programme des fêtes.**
Lis les explications sur les *Fallas de Valencia* dans ton manuel, puis complète ce tableau.

15 de marzo	17 de marzo	18 de marzo	19 de marzo
Es el día de	....	....	....
....	....	....	....
....	....	....	....
....	....	....	....

Los Sanfermines

→ manuel p. 149

1 Viste a un pamplonés

Associe chaque mot à la couleur qui lui correspond, puis colorie le Pamplonais.

a. una faja •	• roja
b. una camiseta •	• blanco
c. un pantalón •	• blanca
d. un pañuelo •	• rojo
e. una boina •	• roja

2 Crucigrama

1. Fiesta en una plaza de toros.
2. Persona que toca en una banda.
3. Personaje inmenso que desfila.
4. (*3 mots*) Donde tienen lugar las corridas.
5. Animal protagonista de las corridas.
6. Cohete que marca el principio de las fiestas.
7. Accesorio rojo que se pone en el cuello.

Trouve l'événement de ces fêtes qui se cache dans les cases vertes.

Es el ....

Imprimé en France en juin 2021 par Estimprim - N° de projet : 10275307